0〜5歳児 うたってかんたん パネルシアター

　1973年にパネルシアターを創案したころ、物語の分野にとどまらず、歌あそび・音楽の世界でもおおいに愛用されました。パネル創案時から協力していただいた画家の松田治仁氏の童画は、もともと人形劇美術の経験をいかした楽しい手法が随所に取り入れられました。人の手で動かされることによって生命が宿り、躍動するように予想して描かれています。その代表作ともなった『とんでったバナナ』を見てくれたテレビディレクターからは「絵が歌い、絵が遊び、絵が躍る。単純にまとめられた作品ながら、心に残る奥深さを持つ作品で、今までにない画期的な手法で驚かされた」と喜ばれました。

　実際に、外国の難民キャンプで演じたときも、最高の笑顔で迎えられました。絵や音楽は国境を越えて理解され、パネルシアターで演じることによってすばらしい交流が生まれるという実感も味わいました。そのころ誕生した、クイズや手あそびを取り入れた歌あそびは、時を超えていつまでも親しまれています。そして、今日も続々と新しい作品が誕生していることは喜ばしいことです。

　そのほかにもパネルシアターは使い方により、言語指導、数遊び、造形遊び、クイズ遊び、交通指導、栄養指導、語学演習、科学教育、道徳など、幅広く応用できます。しかし、子どもにとってまず親しんでもらえるのは、歌あそびの作品が手ごろで、演者にとっても子どもといっしょに遊べる楽しさが味わえるものです。そこでこの度、編集部が中心となり親しみ深そうな歌の中からだれでもかんたんに演じられるようまとめて作りました。ただ歌うだけでなく、楽しく遊べるように工夫してみました。子どもたちといっしょに歌いながら、繰り返し演じてみてください。

　最近でも、パネルシアターを演じてみて人と接する楽しさを知ったとか、図書館などのボランティア活動にも夢が広がったなどのうれしい便りをたくさんいただけるようになりました。これを機会に、パネルシアターを通して、ますます子どもたちの歌声と笑顔が国内国外を問わず盛んになるように願ってやみません。

古宇田 亮順

本書の特長

その1
歌だから手軽にできて盛り上がる!

長いせりふを覚えなくてもだいじょうぶ! 歌さえ知っておけば、かんたんに演じられます。さらに、子どもたちといっしょに歌えるから盛り上がることまちがいなし! また、字が読めない子どもには、絵で言葉を引き出せますよ。

その2
遊びに展開できる!

0・1・2歳児と3・4・5歳児の「遊びが広がるヒント」つき。遊びに展開する手だてになります! パネルシアターを演じた後、遊びにつなげてみてください。

その3
パネルシアター創始者が直伝!

パネルシアターの生みの親、古宇田亮順先生の作品をわかりやすく紹介。長年やってきた定番のものから新しいものまで、子どもたちの笑顔を引き出すラインナップです。パネルシアターで子どもとの距離を縮められるといいですね。

本書の見方

いつでも 春 夏 秋 冬
使うタイミングがわかります。

おすすめ年齢 0 1 2 3 4 5 歳児
目安の年齢です。目の前の子どもの姿に応じて選びましょう。

使用する絵人形
使用する絵人形一覧です。詳しい作り方や型紙のページ数も掲載しています。

青字は保育者がする動作です。
♪は歌詞を表しています。

アドバイス
演じるときのアドバイスです。ぜひ、見てみてください。

演じる順番です。繰り返しになるところを省いている場合は、●(丸マーク)になっています。

保育者が子どもたちにかけることばです。

遊びが広がるヒント!
パネルシアターを演じた後の展開のヒントになる遊びを紹介しています。子どもに合わせて、どんどん展開できるといいですね。

もくじ

はじめに ･････････････････････････････ 1
本書の特長・本書の見方 ････････････････ 2
パネルシアターを作ろう ････････････････ 4
パネルシアターを演じよう ･･････････････ 6

【導入】『チューリップ』の歌で
パネルシアターがはじまるよ！ ･･････････ 8

いつでも使える♪

1 [0・1・2・3歳児] コブタヌキツネコ ･････････ 10
タヌキ、キツネ、ネコと歌に合わせて動くブー！

2 [0・1・2・3歳児] ぞうさんのぼうし ･････････ 12
帽子を落としちゃったゾウ。

3 [0・1・2・3歳児] だれの手 ･････････････････ 15
だれの手か当ててもらうクイズだギョ！

4 [3・4・5歳児] すうじのうた ･･･････････････ 18
数字って、あの形に見えるんだな〜。

5 [0・1・2・3歳児] 木登りコアラ ･･･････････････ 22
木に登るのだーいすきっ！

6 [2・3・4・5歳児] あしあとみつけた ･････････ 24
足跡発見！　だれの足跡かな〜？

7 [3・4・5歳児] ドロップスのうた ･･･････････ 27
ドロップスがどうやってできたか知っておるかね？

8 [1・2・3・4歳児] 山の音楽家 ･･････････････ 30
山でよく演奏しているの。聞きに来てね。

9 [0・1・2・3歳児] ブランコ ･････････････････ 32
ブランコって、乗るととっても良い気持ちだピョン！

10 [2・3・4・5歳児] 犬のおまわりさん ･････････ 34
こねこちゃんのお母さんが見つからないワン〜。

11 [1・2・3・4・5歳児] はたらくくるま ･････････ 37
12台のはたらくくるまが登場！

12 [3・4・5歳児] ゆかいな牧場(まきば) ･････････ 40
牧場にはたくさんの動物がいるんだモ〜！

13 [2・3・4歳児] おはなしゆびさん ･････････ 44
うちは5人家族！　いつも楽しくお話しているよ。

14 [2・3・4・5歳児] おはようクレヨン ･･･････ 46
起きたら、○マ○に変身するんだ〜！

15 [0・1・2・3歳児] あらどこだ ･････････････ 50
耳とおひげと角を探すんだニャー！

16 [2・3・4歳児] 森のくまさん ･････････････ 53
女の子がイヤリングを落としちゃった！　追いかけなきゃっ！

春

17 [1・2・3歳児] おつかいありさん ･････････ 56
お母さんにおつかいを頼まれたんだけど…。

18 [3・4・5歳児] あめふりくまのこ ･･･････････ 59
雨で小川ができたの〜！　さかないないかな…？

夏

19 [2・3・4・5歳児] とんでったバナナ ･････････ 62
食べられるなんてやなこった〜！

20 [2・3・4・5歳児] いるかはザンブラコ ･･･････ 66
子どもといっしょに…あれ？　子どもはイルカ？

秋

21 [2・3・4・5歳児] やきいもグーチーパー ･････ 70
おいしい焼きイモができました〜！

22 [1・2・3歳児] 虫のこえ ･･･････････････････ 72
耳を澄ましてごらん？　チンチロリン♪

冬

23 [2・3・4・5歳児] あわてんぼうのサンタクロース ･･ 74
あっっ！！！　クリスマスの日を間違えちゃった！

24 [3・4・5歳児] 思い出のアルバム ･････････ 78
いろいろなことがあったけど、どれもいい思い出。

型紙 ････････････････････････････････ 81

パネルシアターを作ろう

まずは、作品作りからスタートです。Pペーパーやハサミ、絵の具など、身近な材料だけでかんたんに作ることができます。Pペーパーはとてもじょうぶな素材なので、一度作れば長く使うことができますよ。子どもたちの笑顔を思い浮かべて、期待感を持ちながら作ってみましょう。

その1 絵人形を作ろう！

【材料】Pペーパー／えんぴつ／絵の具やポスターカラー／油性フェルトペン／新聞紙／型紙／ハサミ

1 型紙を描き写す

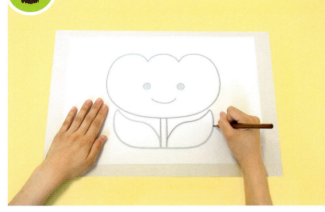

拡大コピーをした型紙にPペーパーを重ねて、えんぴつで下絵を書き写します。

POINT 絵人形の向きや大きさを組み合わせてPペーパーをむだなく使いましょう。

2 着色する

新聞紙を敷いて、水彩絵の具やポスターカラーなどで色を塗っていきます。よく乾かしましょう。

POINT 色は明るく、淡い色で塗ったほうが、遠くからでも見栄えのする絵人形になります。白色でしあげる部分も白色でしっかり塗りましょう。

3 アウトラインを描く

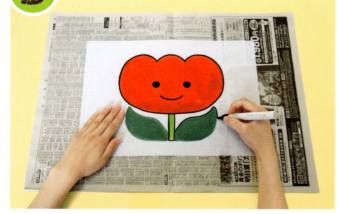

油性フェルトペンで輪郭を縁取ります。遠くから見ても表情や動きがハッキリと見えるように、アウトラインは太めの黒の油性フェルトペンで描きます。

POINT アウトラインは均一の太さでもいいですが、太さを描き分けると線に表情が出て、存在感や立体感を出すことができます。

4 切り取る

アウトラインに沿って、できるだけ余白を残さないように切り取ります。ここでは、ふちどり線（———）と切り取り・切り込み線（･･･････）があります。

POINT Pペーパーの端切れを置いておくと、小さな絵人形を作るときに使用できます。

その2 主なしかけを作ろう！

※ここでは、基本的なしかけを紹介しています。詳しくは、それぞれの型紙ページをご覧ください。

✓ 裏返し

ひとつの絵人形を裏返すことで、向きや違うものに変わります。

左右の向きを変えるだけのときは、1枚のPペーパーの両面に絵を描きます。

表裏で違う絵を描くときは、2枚のPペーパーに描き、コピー用紙などを挟んではり合わせます。

✓ 糸止め

糸止めを使うと、絵人形のいろいろな部位を動かすことができます。

糸を2本取りにして、2枚の絵の・印に糸を通し、もう一度大きめの玉結びをします。

✓ 重ねばり

絵人形を重ねてはることで、絵の表情などをかんたんに変えることができます。

絵人形の裏にパネル布をはっておきます。絵人形より小さめの面積でOK！ 上にはるほうが大きいときは、パネル布をはらなくていいです。

その3 パネルを作ろう！

【材料】段ボール板(同じ大きさ)×2／パネル布／布粘着テープ／両面テープ／カッターナイフ／ハサミ／クラフトテープ

1 段ボール板をはり合わせる

段ボール板2枚をクラフトテープではり合わせます。
※この面〈表〉の周囲4辺と中央のつなぎ目に両面テープをはると、パネル布がずれません。

2 パネル布をはる

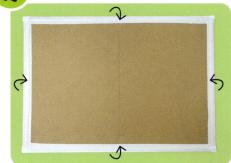

〈表〉をパネル布で覆い、布粘着テープで図のようにはり付ける。

POINT ここで紹介している基本サイズは、110×80cm(55×80cm 2枚の段ボールをはり合わせている)ですが、場所や人数に応じて大きさを調整しましょう。

おまけ 絵人形の保存方法

せっかく作った絵人形をなくしたりしないように、封筒にタイトル、絵人形、製作年月日を書いて、登場する順番に入れておきましょう。直射日光を避け、風通しのよいところで保管するようにします。

絵人形が折れ曲がったら

もし絵人形が折れてしまったら、厚い本などをおもしにして置いておきましょう。

パネルシアターを演じよう

いよいよ、パネルシアターを演じてみましょう。それには、舞台と絵人形のセッティングも大切です。事前準備を万全にしておくことで、子どもたちは落ち着いて見ることができます。また、演じ手もコツをつかめば、演じることが楽しくなります。一体感が生まれて、子どもとの距離が縮まりますよ。

その1　舞台と絵人形のセッティング

基本的には、舞台から50cmくらい離れて立ちましょう。

舞台のセッティング
スタンドやイーゼルなどにパネルを固定し、幼児用の机に設置します。

絵人形のセッティング
絵人形は出す順番に重ねて、右利きの人は左側に、左利きの人は右側に用意します。歌詞やせりふを大きく書いて絵人形の横に置いてもいいでしょう。

おまけ　舞台いろいろ♪

幼児用の机を2台使って…

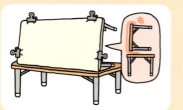

幼児用の机をもう1台のせ、パネル布を巻いて目玉クリップで固定する。

段ボールの支えを使って…

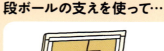
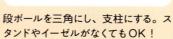

段ボールを三角にし、支柱にする。スタンドやイーゼルがなくてもOK！

その2 NG → OK でわかる！ 演じ方のコツ

たたずまい

利き手と反対側に立ちました…

↓

右利きの人は舞台に向かって右に立ちます（左利きの人は左に）。そうすることで、しぜんに体が子どもたちのほうに向きます。

持ち方

絵人形の顔を持ちました…

↓

絵人形は体や頭を持ってはりましょう。表情が隠れると、子どもたちは不安な気持ちになります。

目線

絵人形を見て演じました…

↓

子どもたちの顔を見ながら演じましょう。保育者やパネルシアターを身近に感じてもらえますよ。

コミュニケーション

子どもの言葉を聞き流しました…

↓

自分たちの言ったことにこたえてくれると、うれしくなって、どんどん引き込まれるでしょう。ことばのキャッチボールをすることが、パネルシアターの基本です。

タイミング

歌詞よりも遅く絵人形を出しました…

↓

歌詞より少し前に出すと、子どもたちが歌詞と絵を結び付けやすくなります。また、演じ手もスムーズに曲に合わせられます。

動作

絵人形を出さないときは、棒立ちで歌いました…

↓

演じ手は黒子ではなく、役者です。子どもたちは演じ手を見ながら、イメージを膨らませて楽しみます。

本章に入る前の導入シアター

『チューリップ』の歌で パネルシアターが はじまるよ!

アドバイス チョウチョウを裏返すときは、裏返したタイミングで1文字ずつ読んでいきましょう。

大人のことば
今からこの白い大きなパネルで楽しい出し物をするね!

使用する絵人形　作り方・型紙はP.81〜82

チューリップ（赤）×2　チューリップ（白）×2　チューリップ（黄）×2

 →   →   →
チョウチョウ（赤）　パ　チョウチョウ（白）　ネ　チョウチョウ（黄）　ル

 →   →   →
チョウチョウ（赤）　シ　チョウチョウ（白）　ア　チョウチョウ（黄）　ター

1

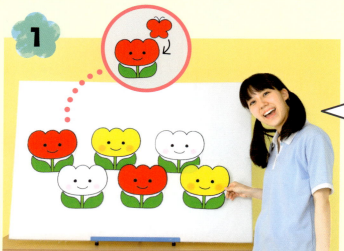

― 🌷🌷🌷 の下に 🦋🦋🦋 を
（裏が「パ・ネ・ル・シ・ア・ター」の順になるように）重ねたものをはりながら

♪さいた　さいた
　チューリップのはなが
　ならんだ　ならんだ
　あかしろきいろ
　どのはなみても　きれいだな

2

あれっ!
チューリップにチョウチョウが住んでいるよ。
― 🌷 から 🦋 を出し、パネル上部にはっていく（ほかも同様に）

3

6羽のチョウチョウが出てきたね。
チョウチョウをめくると…
― 🦋🦋🦋 を裏返しながら
パ・ネ・ル・シ・ア・ター

4

パネルシアターって書いてるね。
みんなはパネルシアターって知ってる？
—子どもたちに問いかける

描いた絵が、のりを付けなくても
くっつくんだよ！　不思議だね！
じゃあ、もう1回、今度はみんなで
いっしょに歌ってみよう。

大きい声でじょうずに
歌えましたね！
では、今から楽しいお歌の
パネルシアターの
はじまりはじまり

5

—子どもたちといっしょに歌う

♪さいた　さいた　チューリップのはなが
ならんだ　ならんだ　あかしろきいろ
どのはなみても　きれいだな

おしまい　いつでもこれを導入にして、演じてみよう！

1 いつでも

おすすめ年齢 0 1 2 **3** 4 5 歳児

コブタヌキツネコ

アドバイス
顔と体を自由に組み合わせてはることができるので、いろいろな表現を楽しむことができます。繰り返し演じてみましょう。

使用する絵人形 作り方・型紙はP.82～85

コブタ（顔・表）／コブタ（顔・裏）／タヌキ（顔・表）／タヌキ（顔・裏）／キツネ（顔・表）／キツネ（顔・裏）

ネコ（顔・表）／ネコ（顔・裏）／コブタ（体・表）／コブタ（体・裏）／タヌキ（体・表）／タヌキ（体・裏）

キツネ（体・表）／キツネ（体・裏）／ネコ（体・表）／ネコ（体・裏）

※タヌキ・キツネ・ネコのしっぽは糸止めに。詳しくは、P.5に。

大人のことば
先生が「こぶた」って歌ったら、みんなも「こぶた」って追いかけて歌ってみてね！

1

― に を重ねて順にはりながら
♪こぶた　たぬき　きつね　ねこ

2

― 顔を上に順にずらしながら
♪ブブブー　ポンポコポン　コンコン　ニャーオ

3

― 顔を横に順にずらしながら
♪こぶた　たぬき　きつね　ねこ

POINT
●時には、保育者が絵人形に視線を移すと、子どもたちもそちらに注目！
●ちょっとした角度の違いで、動物たちの表情がユーモラスに！

コブタヌキツネコ

作詞・作曲／山本直純

4

―顔と体をいっしょに持って裏返しながら

♪ ブブブー　ポンポコポン
　コンコン　ニャーオ

おしまい

おまけ　はり方アレンジ

はり方を変えて、繰り返し遊んでみましょう！

こっち向いて
動物たちが、ひょっこりこちらを見ています。

逆立ち
「こぶた→たぶこ」のように、反対から読んで歌ってもOK！

組み合わせいろいろ
わざと間違えてみても盛り上がります。

なんだか変だね
あれ？　首が長くなっちゃった？！
（しっぽを首に見たてる）

遊びが広がるヒント！

0・1・2歳児　おかおはど～れだ？

胴体をはり、初めにはっておいた4つの顔のうちひとつを選んでもらってはる。できたら、鳴き声のまねをいっしょにしてみましょう。

3・4・5歳児　へんてこ組み合わせ

動物の顔と体の組み合わせを変えてみましょう。できた動物の鳴き声を子どもたちと考えてみると楽しいです。

絵人形原案／後藤恵子

ぞうさんのぼうし

2 いつでも おすすめ年齢 0 1 2 3 4 5 歳児

使用する絵人形　作り方・型紙はP.85～86

ぞう(顔・表)　ぞう(顔・裏)　ぞう(体)　こねこ×5

ぼうし　こぶた×5　こだぬき×5

アドバイス　子どもといっしょに動物の鳴き声「ニャン」「ブー」「ポン」を、ポーズを取りながら歌ってみましょう。

先生のことば　ぞうさん、お気に入りのぼうしを忘れていっちゃった！

1 ―にを少し重ねてはる
♪ぞうさんがわすれていった

2 ―をはりながら
♪おおきなおおきなぼうし

3 ―をはる
♪こねこがはいって

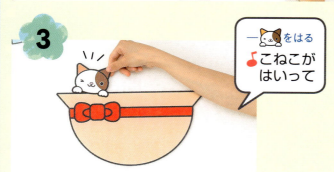

―ネコのポーズを取って
♪ニャン

4 ―をはる
♪にひきはいって

―左右の手を交互に上下してネコのポーズを2回取りながら
♪ニャン　ニャン

8

―🐱×5を外しながら

ぞうさん、ぼうしを忘れていったことに気づいてないみたい。早く教えてあげたいんだけど…そうだ！みんなで「ぞうさん」って呼んでみない？
―子どもたちに問いかける

じゃあ、「せーの」で大きい声で呼んであげてね！

せーの、ぞうさーん！
―何回か繰り返す

9

―☁を裏返す

あっ！ ぞうさん、気づいてくれたみたい！ぞうさん、ぼうしを忘れているよ〜！
「本当だ！ 教えてくれて、ありがゾウ〜」
―子どもたちに向けて

ぞうさんのぼうしに、こねこさんやこぶたさん、こだぬきさんが入っていたことは、先生とみんなの秘密だよ！

 おしまい

遊びが広がるヒント！

0・1・2歳児　入っているのは？

ぼうしの中に動物の絵人形を隠しておく。鳴き声などのヒントを出しながら少しずつ動物を見せていき、当ててもらいましょう。

3・4・5歳児　ぼうし屋さん

ぼうし屋さんになったつもりで、いろいろなぼうしを描いてみましょう。後で見せ合ったり、絵を元に製作へとつなげても楽しいでしょう。

3 いつでも

おすすめ年齢 **0 1 2 3** 4 5 歳児

だれの手

アドバイス
10番までありますが、すべてしなくてもOK！次に移るときに、絵人形の準備が間に合わない場合は、「♪かわいいおかおの○○さん」を2回歌ってもいいでしょう。

使用する絵人形 作り方・型紙はP.87〜90

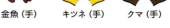

金魚(手)	キツネ(手)	クマ(手)	ウサギ(手)	ブタ(手)
金魚(顔)	キツネ(顔)	クマ(顔)	ウサギ(顔)	ブタ(顔)
カエル(手)	タヌキ(手)	ゾウ(手)	アヒル(手)	お友達(手)
カエル(顔)	タヌキ(顔)	ゾウ(顔)	アヒル(顔)	お友達(顔)

達人のことば
だれの手か考えてみてね。わかったら、「かわいいおかおの○○さん」って、いっしょに歌ってね。

1
[1番]
ー 🐟 をはりながら
♪ひらひら ひらひら あかいて

2
ー手をひらひらさせながら
♪ゆらゆらしっぽは だれでしょね

3
ー 🐟 をはる
♪かわいいおかおの きんぎょさん

以下、それぞれの絵人形をはって、動作を変えながら同じように演じてみましょう。

4
[2番]
ー手で三角の耳を作って
♪〜さんかくおみみは だれでしょね

♪〜きつねさん

5
[3番]
ー指で輪を作り、目元に当てて
♪〜まるいおめめは だれでしょね

♪〜くまさん

つづく →

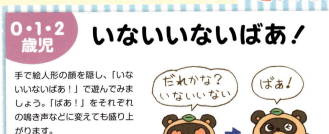

4 いつでも　おすすめ年齢 0 1 2 **3 4 5** 歳児

すうじのうた

アドバイス　歌の間に入る擬音語部分が見どころです！ タイミングよくはったり動かしたりできるようにしておきましょう。

使用する絵人形　作り方・型紙はP.91〜94

1 / 工場 / けむり / ガチョウ / 鳴き声
赤ちゃん / かかし / 弓矢 / カギ / タヌキ / ラッパ
音符 / だるま / オタマジャクシ / 月

★裏はそれぞれの数字をはっています。

達人のことば　1から10まで、元気よくいっしょに歌ってみよう。

1

[1番]
― | をはる
♪すうじのいちは　なに

2

― | を裏返す
♪こうばのえんとつ

3

― ☁ をはる
もくもく

以下、同じように数字をはっていきましょう。

4

[2番]
― 2 を裏返す
♪〜おいけのがちょう

― 〰 をはる
ガーガー

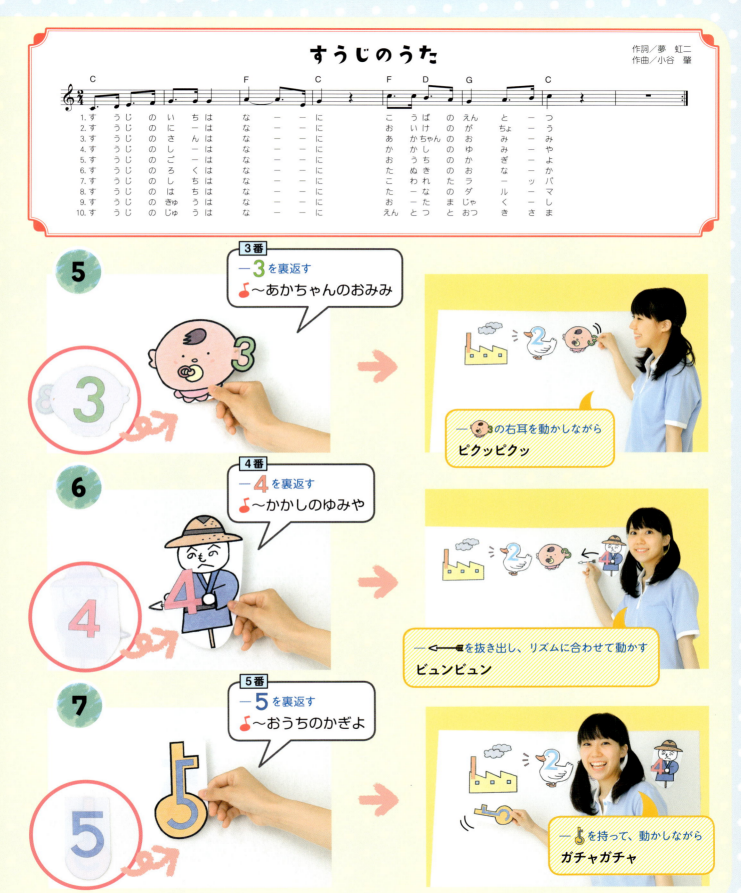

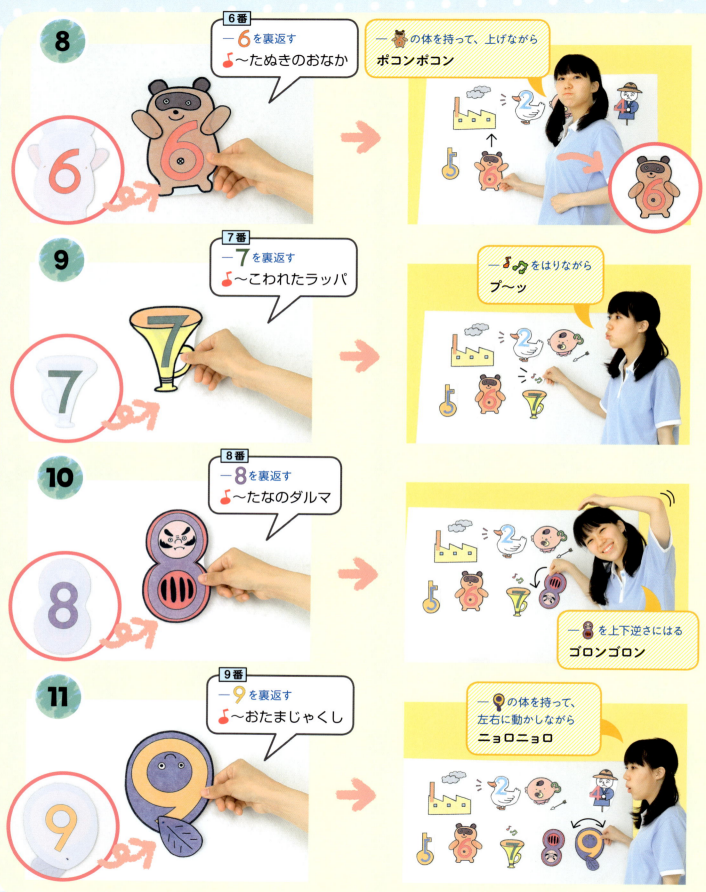

12

10番
―0をはる
♪〜すうじのじゅうはなに

13

―0を裏返す
♪えんとつとおつきさま

14

おしまい

数字っていろいろな形になっておもしろいね

おしまい

遊びが広がるヒント！

0・1・2歳児　擬音語を楽しむ！

擬音語部分をその数字の数だけ増やして演じてみても楽しいでしょう。
例）「ポコンポコン」
　　→「ポコン」
　　を6回言う　など

3・4・5歳児　逆さですうじのうた

数字と絵を見せる順番を逆にして演じてみましょう。

※5歳児には、数字を組み合わせて2けたの数字を作って遊んでもいいでしょう。

こうばのえんとつは〜

いちだ〜

5 いつでも 木登りコアラ

おすすめ年齢 0 1 2 3 歳児

使用する絵人形　作り方・型紙はP.95

ユーカリの木　おひさま　コアラ

アドバイス
「♪ゴーゴーゴー」は、子どもにもいっしょに声を出してもらうと盛り上がります。テンポに変化をつけて、繰り返し演じてみても楽しいでしょう。

達人のことば
コアラくんは木登りがとってもじょうず！
今日もユーカリの木を元気に登るよ。

1

— 🌳 の下に ☀ を隠しておく
— 🐨 を持って、リズムに合わせて上に動かしながら
♪のぼるよ　のぼるよ　コアラ　ユーカリのきを

2

— 🐨 を途中ではって片手を上げながら
♪ゴーゴーゴー

3

— 1 と同じように動かしながら
♪のぼるよ　のぼるよ　コアラ
— 🐨 をはる

4

— 🌳 をめくって ☀ を出す（1回目のみ）
♪おひさまこんにちは
— 手を振りながら
♪ハロー　×2

遊びが広がるヒント！

0・1・2歳児 手をつないで

子どもと向き合い、反対の手をつなぐ。歌いながら、2本指で保育者から子どもの腕に向かって歩かせる。「♪ゴーゴーゴー」で、手を上げ、再び歩かせる。「♪おひさまこんにちは　ハーロー」でつないでいる手を上げ、顔をのぞき込む。2番は子どもの腕から同様に戻ってくる。

3・4・5歳児 手遊びに

両手をグーにして、ふたり組で交互に縦に乗せていく。「♪ゴーゴーゴー」で上下に振って、同様に交互に乗せていく。2番は同じように交互に下げていく。ふたりから3人に増やしてもOK！　コアラをアリンコにして、ひとさし指を使っての展開もできます。

6 いつでも
おすすめ年齢 0 1 2 **3 4 5** 歳児

あしあと みつけた

アドバイス
足跡だけを当てるのは難しいですが、動物の後ろ姿が見えることで子どもたちの興味をひきます。考える間を少し長めに取ってもいいでしょう。

使用する絵人形　作り方・型紙はP.96〜101

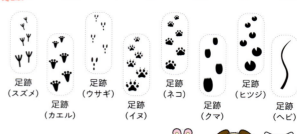

足跡（スズメ）　足跡（ウサギ）　足跡（ネコ）　足跡（ヒツジ）
足跡（カエル）　足跡（イヌ）　足跡（クマ）　足跡（ヘビ）

スズメ（表）　スズメ（裏）　カエル（表）　ウサギ（表）　イヌ（表）　ネコ（表）
クマ（表）　ヒツジ（表）　ヘビ（表）　おばけ（表）

★カエル以降もそれぞれ裏をはっています。

達人のことば
地面を見ていたら、だれかの足跡を見つけたよ！だれの足跡なんだろう〜？

1

─🎵をはりながら

♪みつけた　みつけた
　あしあと　みつけた
　これはいったい
　だれだ
　あっちへいったの
　だれだ

以下、同じように足跡をはって、動物を登場させていきましょう。

2

─🐦を持って動かしながら
この足跡は
チュンチュンチュン…

─裏返してはる
スズメちゃんの
足跡でした！

3

─🐸を持って動かしながら
この足跡は
ピョンピョンピョン…
だれかな？

─裏返してはる
ケロケロケロ
カエルくんだよ！

4

─🐰を持って動かしながら
この足跡は
ピョンピョンピョン…
だれかな？

─裏返してはる
お耳のながーい
ウサギちゃん！

24

9
―🐍を持って動かしながら
このなが―い足跡は
だれかな?

―裏返してはる
ニョロニョロ～
ヘビくんだ!

次は最後のお友達だよ。
だれかな?
当ててみてね!

10
―💭を持って
動かしながら
足跡がないのに
シュ～ッと飛んで
いったのは
だれかな?

―裏返してはる
わぁ!
おばけちゃんでした!

おしまい

遊びが広がる **ヒント!**

0・1・2歳児 後ろ姿だ～れ?

動物の後ろ姿を出して、「これはだれかな?」「なんて鳴くのかな?」などと、問いかけて子どもたちに当ててもらいましょう。

3・4・5歳児 足でひっぱれずもう

裸足でふたり組になり、向かい合って座る。ひも（30cm程度）の両端を親指とひとさし指に挟んで、「はっけよーい、ひっぱれ!」の合図で引っ張り合う。ひもを離してしまったほうが負け。

絵人形原案／松家まきこ

7 いつでも ドロップスのうた

おすすめ年齢 0 1 2 3 **3 4 5** 歳児

アドバイス 女の子と男の子の舌をスムーズに動かせるように、練習できるといいですね。絵人形が多いので、2人で演じるとより余裕を持って演じられます。

使用する絵人形　作り方・型紙はP.102〜105

涙（赤）　涙（黄）　レモン　イチゴ　子ども　おとな
神様　朝焼け　ドロップス（裏：朝焼け）　夕焼け　ドロップス（裏：夕焼け）

笑顔　つえのキャンディ　悲しみ　ドロップス（裏：悲しみ）　うれしさ　ドロップス（裏：うれしさ）

達人のことば

— をはる
おやおや、神様が泣いているよ。どうしたのかな？

1

— を上下に動かしながら
♪むかし なきむし かみさまが

2

— をはる
♪あさやけ みてないて
— をはる
♪ゆうやけ みてないて

3

— をはる
♪まっかな なみだが ぽろん ぽろん
— をはる
♪きいろい なみだが ぽろん ぽろん

4

— を裏返しながら
♪それが せかいじゅうに ちらばって いまではドロップス

5

— をはる
— の帯を左右に動かしながら
♪こどもがなめます ぺろん　ぺろん

つづく

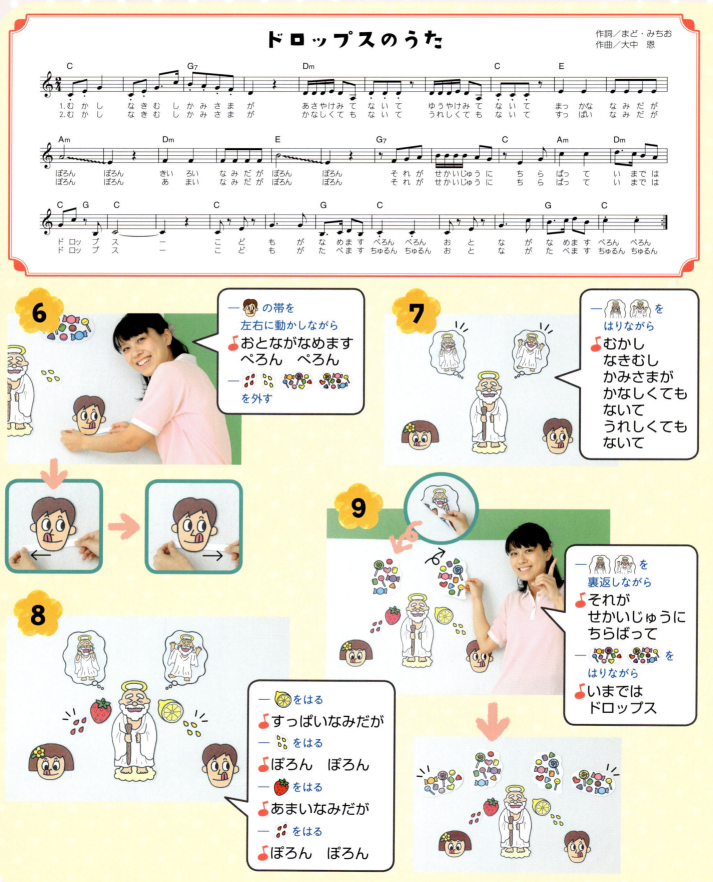

10

―5のように 👧 の帯を左右に動かしながら
♪こどもがたべます
　ちゅるん　ちゅるん

11

―6のように 👦 の帯を左右に動かしながら
♪おとながたべます
　ちゅるん　ちゅるん

12

―神様のつえに 🍭 をはり、
　顔に 👄 をはる

神様もキャンディをもらって、にこにこ笑顔になりました。

おしまい

遊びが広がるヒント！

0・1・2歳児　リズム　リズム♪

リズミカルに唱えながら動作を入れる。「手をたたいて　パンパンパン×2（手をたたく）　足踏みをして　トントントン×2（足踏みする）　泣きまねして　エンエンエン×2（泣きまねをする）　笑ってみましょう　ワッハッハ×4（笑う）」など、自由に動作を変えたり、増やしたりして、繰り返し遊んでみましょう。

3・4・5歳児　神様ジャンケン

1人いくつかのあめ（色紙などで作ったものなど）を持ち、自由に歩き回る。出会った友達とジャンケンをし、負けたら「ぽろんぽろん」と言って勝った子どもにあめを渡す。繰り返し遊び、あめがなくなった子どもは座り、あめをたくさん持っている子どもが勝ち。

原案／宮崎パネル研究会「パレット」

8 いつでも 山の音楽家

おすすめ年齢 0 1 2 ３ ４ 5 歳児

使用する絵人形　作り方・型紙はP.106〜107

 こりす
 うさぎ

 ことり
 たぬき

※らいおん

アドバイス
絵と保育者の動きを見て、子どもたちは楽器の特長をつかみます。保育者は音楽家にしっかりなり切りましょう。

導入のことば
動物たちの音楽会のはじまりはじまり〜！
― をはる

1
― 🐿 をはる
♪わたしゃ おんがくか やまのこりす

2
―指揮をしながら
♪じょうずに バイオリン ひいてみましょう

3
―バイオリンを弾くまねをしながら
♪キュキュ キュキュキュ
　キュキュ キュキュキュ
　キュキュ キュキュキュ
　キュキュ キュキュキュ

4
―両手を前に出しながら
♪いかがです

5
以下、それぞれの絵人形をはって、動作を変えて同じように演じてみましょう。

2番
―ピアノを弾くまねをしながら
♪〜ポポ ポロンポロンポロン
　ポポ ポロンポロンポロン×２

30

山の音楽家

ドイツ民謡　訳詞／水田詩仙

6
3番
——フルートを吹くまねを
しながら
♪〜ピピ ピピピ
ピピ ピピピ×2

7
4番
——太鼓をたたくまねを
しながら
♪〜ポコ
ポンポコポンポコ
ポンポコポン×2

最後は、みんなもいっしょに演奏して
みようか！　じゃあ、こりす・うさぎ・
ことり・たぬきチームに別れましょう。
「♪タタ タンタンタン〜」から、それ
ぞれの楽器を演奏してね。

8
5番
——保育者は指揮をして、
子どもたちはそれぞれの
動作をしながら
♪〜タタ タンタンタン
タタ タンタンタン×2

おしまい

遊びが広がるヒント！

0・1・2歳児　つんつんつん

子どもがあおむけになり、保育者が歌いながら体
の上を2本指で自由に歩かせる。「♪キュキュ
キュッキュッキュッ」で5本指をすぼめ、リズム
に合わせてつんつんする。「♪いかがです」で子
どもは起き上がり、笑顔に。
2番—5本指でピアノを弾く、3番—ほおをひと
さし指でつんつんする、4番—ひとさし指でおな
かをポンポンする、5番—ミックス　など。

3・4・5歳児　音楽団結成

動物を増やして、いろいろな組
み合わせで遊んでみましょう。
こぶた — ラッパ
こぐま — トライアングル
さる — タンブリン
ねずみ — カスタネット
らいおん — タクト
きりん — アコーディオン

9 いつでも

おすすめ年齢 0 1 2 3 4 5 歳児

ブランコ

アドバイス 絵人形の数も動きも少なく、ゆったりとした曲調なので、初めての方でも演じやすいです。

使用する絵人形 作り方・型紙はP.108〜110

クマ　ブランコ　雲（表）　雲（裏）　夕日
ウサギ　ブタ　キツネ

みんなはブランコ大好きだよね。動物さんたちもブランコで遊んでいるよ。

1

ー 🐻🟰 ☁️ を
はっておく
♪ぶんぶん
　ゆらゆら
　ブランコ
　ぶんぶん
　ゆらりん
　ブランコ

2

ー 🐰 をはる
♪おそらと　ともだち
　ブランコ

3

ー 🐻 を持つ
ねえねえ、
わたしも代わって？
ー 🐰 を外す

ー 🐻 をはる
♪そよそよ　このはも
　ブランコ
　そよそよ　ゆらりん
　ブランコ
　ことりも　ゆするよ
　ブランコ

ブランコ

作詞／古宇田亮順
作曲／田中常雄

― 🐷 を持って 🐥 をはる

ねえねえ、押してくれる？

― 🐥 をはる

♪そろそろ　おします　ブランコ
　そろそろ　ゆらりん　ブランコ

― ☁️ 裏返し、🔴 をはりながら

♪まっかな　ゆうやけ　ブランコ

おまけ
はり方アレンジ

ふたりのり

縦にも横にもできるよ！

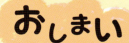

おしまい

遊びが広がるヒント！

0・1・2歳児　おててブランコ

保育者は長座し、子どもはひざの上に向き合って座る。両手をつなぎ、歌に合わせて両手を揺らす。ふたりがブランコになったつもりで人形を乗せ、落とさないように遊びましょう。

3・4・5歳児　ブランコでくるりん

ふたり組になって向き合い、両手をつなぐ。歌いながら、「♪ぶんぶん～」で左右に振り、「♪ブランコ」でひっくり返る。同様に左右に振って「♪ブランコ」で表に返る。これを繰り返す。違うふたり組になったり、テンポを上げたり、「3人のり！」で3人組になったり、子どものようすに合わせて展開してみましょう。

33

10 いつでも

おすすめ年齢 0 1 **2 3 4 5** 歳児

犬のおまわりさん

アドバイス 大きな声で元気良く演じましょう。少し早めに絵人形をはって、言葉を引き出せるといいですね。

使用する絵人形 作り方・型紙はP.110〜112

こねこ(表) こねこ(裏) おまわりさん おまわりさんの笑顔 家(表) 家(裏)

名札(表) 名札(裏) 涙 カラス スズメ ハテナ 母ねこ

達人のことば
こねこちゃんといぬのおまわりさん、なんだか困っているみたい。どうしたのかな？

1
— 🐱👮 をはっておく
🎵まいごのまいごの こねこちゃん
— 🏠 をはる
🎵あなたのおうちは どこですか

2
— 🏠 を裏返しながら
🎵おうちをきいても わからない

3
— 🌷 をはる
🎵なまえをきいても
— 🌷 を裏返す
🎵わからない

4
—泣く動作をしながら
🎵ニャンニャンニャンニャーン ニャンニャンニャンニャーン ないてばかりいる こねこちゃん

5
🎵いぬのおまわりさん こまってしまって
— 🐦🐦 をはりながら
🎵ワンワンワンワーン ワンワンワンワーン

34

12 こねこちゃんのお母さん、どこにいったのかな？
　— ❓ を外す

13 あれ？
　— 〰〰 を外す
　むこうからだれかやって来たよ！
　— 🐱 を裏返す

　— 🐦 🐤 をずらす
　— 🐱 を動かしながら出し、はる

🐱「あっ、ママだ〜！」
🐱「まぁ、ここにいたのね。見つかってよかった！おまわりさん、探してくれてありがとう」

14

15

🐶「お母さんに会えてよかったね！」
　— 🐶 をはる

おしまい

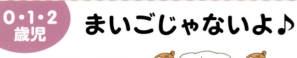

遊びが広がる**ヒント！**

0・1・2歳児　まいごじゃないよ♪

子どもの名前を呼んで、反対側の保育者のもとに向かう。真ん中では、保育者がタンブリンを持っておき、子どもがたたく。最後は、反対側の保育者と抱き合う。

3・4・5歳児　こねこちゃん、おうちへGO！

マット同士を距離を取って置く。「あっちのおうちへGO！」と言ったら、子どもたちはマットからマットへ移動し、座る。慣れてきたら、「あっちのおうちでジャンプします、GO！」など、お題を増やしてみましょう。

11 いつでも

おすすめ年齢 0 1 **2 3 4 5** 歳児

はたらくくるま

車の種類が多いので、順序よく用意しておくとスムーズに演じることができます。

どんな車がどんなときに活躍するのか見てみましょう。

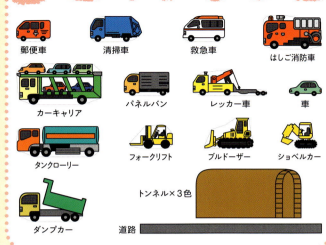

使用する絵人形　作り方・型紙は**P.113〜116**

1番
— 🟩 ———— をはりながら
♪のりものあつまれ　いろんなくるま
　どんどんでてこい　はたらくくるま

1

2
— 🚐 をはる
♪はがきやおてがみ　あつめる
　ゆうびんしゃ

ゆうびんしゃ！

3

— 🚛 をはる
♪まちじゅう
　きれいにおそうじ
　せいそうしゃ

せいそうしゃ！

4
— 🚐 をはる
♪けがにん
　びょうにんいそいで
　きゅうきゅうしゃ

きゅうきゅうしゃ！

5

— 🚒 をはる
♪ビルのかじには
　はしごしょうぼうしゃ
— はしごを伸ばす

はしごしょうぼうしゃ！

つづく ➡

37

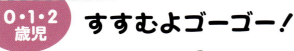

0・1・2歳児 すすむよゴーゴー！

子どもをタオルや座布団に乗せて、ゆっくり引っ張りながらお部屋をお散歩してみましょう。そのとき、「ピーポーピーポー」や「ブーン」など、効果音をつけるとより楽しくなります。

3・4・5歳児 いろいろキャタピラー

さまざまな大きさのキャタピラー（段ボールの輪）を作り、いろいろな車に見たてて入り、ハイハイで動いて遊んでみましょう。ふたりで入ってもOK！ 慣れてきたら、レース形式にしてもいいでしょう。

12 いつでも

おすすめ年齢 0 1 2 **3 4 5** 歳児

ゆかいな牧場(まきば)

アドバイス 歌詞の動物の鳴き声は、子どものなじみのある鳴き声に変えてもよいでしょう。「♪イーアイ イーアイ オー」はみんなで元気に歌えるといいですね。

達人のことば 牧場には、いろいろな動物がいるよ。どんな動物が出てくるか楽しみだね!

使用する絵人形 作り方・型紙はP.117〜120

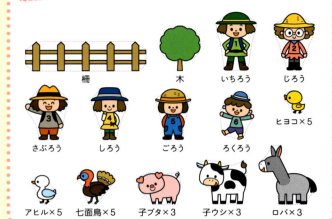

柵 / 木 / いちろう / じろう / さぶろう / しろう / ごろう / ろくろう / ヒヨコ×5 / アヒル×5 / 七面鳥×5 / 子ブタ×3 / 子ウシ×3 / ロバ×3

1

― 🌳 ⛩ をはっておく
最初はだれの牧場かな?
― 👦 をはる
あっ! いちろうさんだったんだね!
いちろうさんの牧場には、
何がいるのかな?
―耳をすませながら
あれ?
「チッチッチッ」って聞こえてきたよ。

2

【1番】
♪いちろうさんの まきばで
イーアイ イーアイ オー

3

― 🐥 をはりながら
♪おや ないてるのは
ひよこ
イーアイ イーアイ オー

40

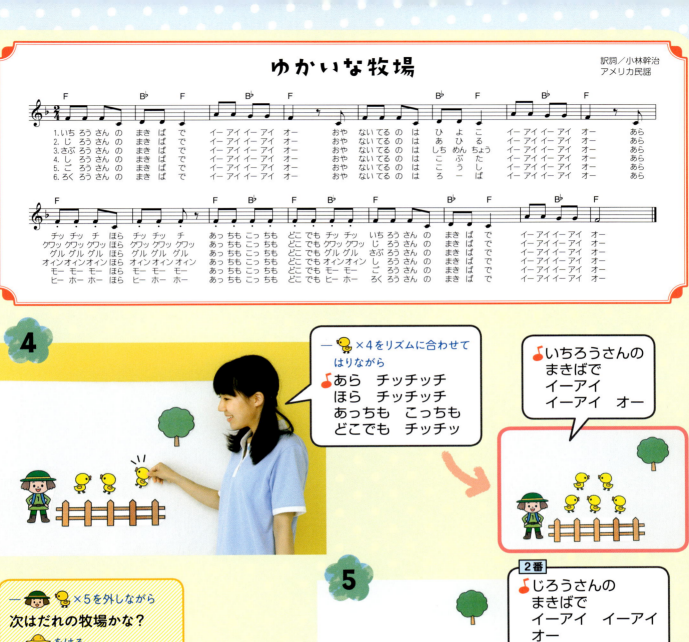

7

— 🦆×4をリズムに合わせてはりながら

♪あら　クワックワックワッ
　ほら　クワックワックワッ
　あっちも　こっちも　どこでも
　クワックワッ

♪じろうさんの　まきばで
　イーアイ　イーアイ　オー

以下、それぞれの絵人形をはって、同じように演じていきましょう。

8

3番

— 🦃×4をリズムに合わせてはりながら

♪〜あら　グルグルグル
　ほら　グルグルグル
　あっちも　こっちも　どこでも
　グルグル〜

9

4番

— 🐷×2をリズムに合わせてはりながら

♪〜あら　オィンオィンオィン
　ほら　オィンオィンオィン
　あっちも　こっちも　どこでも
　オィンオィン〜

42

10

5番
— 🐄×2をリズムに合わせてはりながら
♪〜あら　モーモーモー
　ほら　モーモーモー
　あっちも　こっちも　どこでも
　モーモー　〜

— 🐴×3の首をリズムに合わせて動かして
　上げながら
♪あら　ヒーホーホー
　ほら　ヒーホーホー
　あっちも　こっちも　どこでも
　ヒーホー　〜

11

6番
♪ろくろうさんの　まきばで
　イーアイ　イーアイ　オー
— 🐴×3をはりながら
♪おや　ないてるのは　ろば
　イーアイ　イーアイ　オー

おしまい

遊びが広がるヒント！

0・1・2歳児　○○組さんの牧場

「♪○○組さんのまきばで〜」の出だしで歌う。1番から順に動物のポーズを取りながら、動き回りましょう。

3・4・5歳児　○○ちゃんの牧場

子どもたちに何を飼いたいか問いかけ、その動物に変えて「♪○○ちゃんのまきばで〜」の出だしで歌う。その動物になり切ってみましょう。

43

13 いつでも

 おすすめ年齢 0 1 **2 3 4** 5 歳児

おはなし ゆびさん

アドバイス 最後の「やあ!」がいちばん盛り上がるところです。タイミングよくめくれるように練習できるといいですね。

使用する絵人形　作り方・型紙はP.121

達人のことば 見て見て! 大きな手だね!

1
- をはっておく
- 左手にを持っておく
- 親指を指しながら
  ♪このゆび パパ

2
- を親指にはる
  ♪ふとっちょ パパ

3
- 親指を立て、手首を左右に振りながら
  ♪やあ やあ やあ やあ
- 親指を上下に動かしながら
  ♪ワハハハハハハ

4
- 手を広げ、下に下ろしながら
  ♪おはなし
- 2回手拍子をしながら
  ♪する

以下、ママ—ひとさし指、兄さん—中指、姉さん—薬指、赤ちゃん—小指に変えて、同じように演じてみましょう。

5
- をひとさし指にはる
  ♪〜やさしい ママ

6
- を中指にはる
  ♪〜おおきい にいさん

44

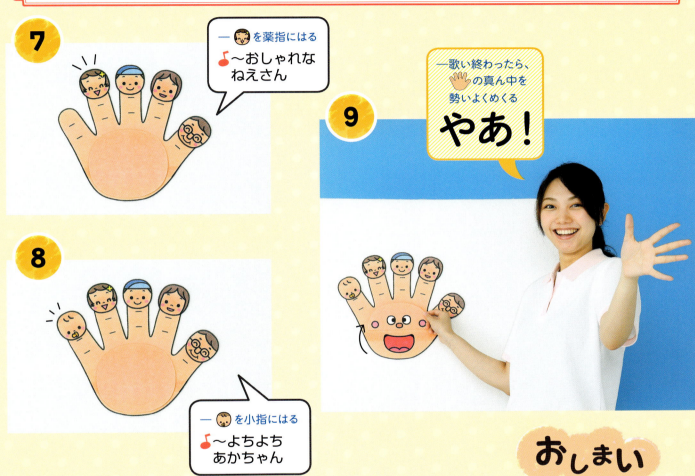

14 いつでも

おすすめ年齢 0 1 **2 3 4 5** 歳児

おはよう クレヨン

アドバイス
登場する絵人形が多いので、出す順番に並べておきましょう。ゆったりとしたテンポで歌うといいでしょう。

導入のことば
クレヨンさんたち、今眠っているんだけど、目を覚ましたらいろいろなものに変身するよ！

使用する絵人形　作り方・型紙はP.122〜124

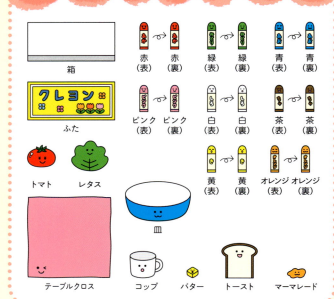

箱／ふた／トマト／レタス／テーブルクロス／コップ／バター／トースト／マーマレード／赤（表）→赤（裏）／緑（表）→緑（裏）／青（表）→青（裏）／ピンク（表）→ピンク（裏）／白（表）→白（裏）／茶（表）→茶（裏）／黄（表）→黄（裏）／オレンジ（表）→オレンジ（裏）

1

ー □ の上に左から を左から順に並べて、クレヨン を重ねておく
ー クレヨン を外して を裏返してパネルにはりながら
♪あかいクレヨン　いちばんさきに
　はこのなかで　めをさました

2

ー手拍子をしながら
♪オハヨウ
　オハヨウ
　オハヨウ

3

ー自分を指さし、顔を傾けながら
♪ぼくは
　だれかな？

4

ー  をはる
♪あかい　あかい
　あかい
　そうだ
　トマトかも
　しれない！

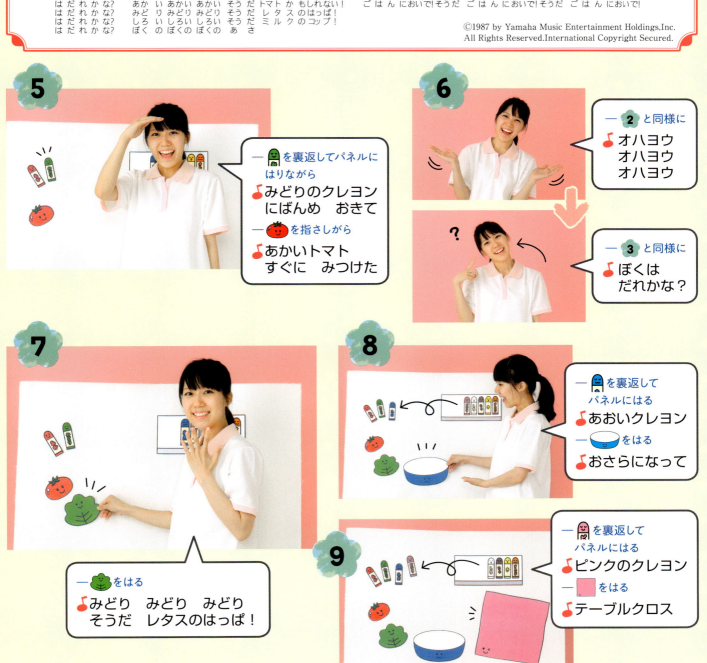

18

🍅🍞🥣☕🍞🧀🥔 を並び替えながら
♪ごはんにおいで！
そうだ　ごはんにおいで！

♪そうだ　ごはんにおいで！

ごはんを食べる前のあいさつできるかな？　みんなで元気に言ってみようか！　せーのっ、いただきまーす！

おまけ

保育でクレヨンをかたづけるとき、「クレヨンたち、ベッドで寝かせてあげようね。○○色くん、おやすみ～」などと声をかけてもいいですね。

遊びが広がる**ヒント！**

0・1・2歳児　描いているのな～に！

スケッチブックとクレヨンを持って、子どもたちに描いているところを見せながら、何を描いているか当ててもらいましょう。
例）赤―イチゴ・リンゴ、緑―ピーマン・キュウリ、茶―シイタケ・ジャガイモ、黄―レモン・バナナ、オレンジ―ミカン・ニンジン、紫―サツマイモ・ブドウ　など

3・4・5歳児　ぬり絵ぬりぬり♪

P.90の型紙を拡大コピーしてぬり絵に活用してみましょう。ゆったりした時間におススメ。

15 いつでも

おすすめ年齢 **0 1 2** 3 4 5 歳児

あらどこだ

アドバイス
少し間をおいて、耳・ひげ・つのがどこにあるか考えてもらってもいいですね。「どこについているかな?」と聞いてみてもいいでしょう。

達人のことば
動物たちの耳とひげとつのはどこにあるでしょう? わかったら、いっしょに歌ってね。

使用する絵人形　作り方・型紙はP.125〜129

ロバ／ゾウ／わたし／ワニ
ナマズ／ネコ／ヤギ／ブタ
ウシ／シカ／サイ／ライオン

1 ― 🐴 をはる
♪ろばのみみは　うえむいて

2 ― 🐘 をはる
♪ぞうのみみは　したむいて

3 ― 👧 をはる
♪わたしのみみは　かおのよこ

4 ― 🐸 をはる
♪わにのみみは
― 🐸 の口を勢いよくあける
♪あらどこだ
―絵人形をすべて外す

遊びが広がるヒント！

0・1・2歳児 みーつけた！

穴をあけた紙皿をのぞいて、「○○ちゃんのおはな、みーつけた！」など、体の部位を見つけていきましょう。最後は、「○○ちゃんのかわいいおかお、みーつけた！」で締めくくってもいいですね。

3・4・5歳児 トントンここ！

保育者が体の部位を伝え、2回手拍子をし、子どもたちは「ここ」と言いながら、その部位を触る。これを繰り返し、「つの」など、ない部分が出たら、子どもたちは「あら、どこだ」と返す。
例）ひげ、しっぽ、くちばし、羽　など

16 いつでも

おすすめ年齢 0 1 **2 3 4** 5 歳児

森のくまさん

アドバイス
子どもたちに大きな声で輪唱してもらいましょう。そうすることで、この作品を楽しくしてくれます。

使用する絵人形　作り方・型紙はP.129〜131

 花×2　 音符×2　 イヤリング

おじょうさん（表）→おじょうさん（裏）　くま（表）→くま（裏）　とり1　とり2

きれいなお花や緑の美しい木がある森です。

1

- 🌳🌳🌳🌳 🌷🌷🌷🌷×2 をはっておく
- 👧 をはる
- ♪ あるひ　もりのなか
- 🐻 を持って、中心に動かしながら
- ♪ くまさんに　であった
  はなさく　もりのみち
  くまさんに　であった
- 🐻 をはる

2

- ♪ くまさんの　いうことにゃ
  おじょうさん　おにげなさい
- 👧 を裏返して左へ動かしながら
- ♪ スタコラ　サッサッサッのサ
  スタコラ　サッサッサッのサ
- 👧 をはる

つづく

森のくまさん

アメリカ民謡
作詞／馬場祥弘

3

4

♪おじょうさん
おまちなさい

♪ところが くまさんが
あとから ついてくる
― 追いかけるように を動かしながら
♪トコトコ トッコトッコト
トコトコ トッコトッコト
― をはる

5

― をはる
♪ちょっと おとしもの
しろいかいがらの
ちいさな イヤリング

6

― 👧 を裏返し、🐚 を外しながら
♪あら　くまさん
　ありがとう

7

― 👧 🐻 の口をあけながら
♪おれいに　うたいましょう
― 👧 🐻 をリズムに合わせて
　中心に動かしながら
♪ラララ　ラララララ

8

― 🎵♪🎵 ×2をはりながら
♪ラララ　ラララララ
― 🐦🐦 をはる

おしまい

遊びが広がるヒント！

0・1・2歳児　くまさんこっち！

フープ3本をマットに通して、トンネルを作る。トンネルの先には、クマのぬいぐるみなどを置いておき、トンネルをくぐって遊んでみましょう。

3・4・5歳児　森のおにごっこ

おじょうさんとクマ（数人）になりきって鬼ごっこをする。クマはおじょうさんを追いかける。タッチされたら、クマになったり、貝殻を渡して役をチェンジしたり、いろいろなルールで遊んでみましょう。

17 春 おつかいありさん

おすすめ年齢 0 1 2 **3** 4 5 歳児

アドバイス 裏返しが多いので、タイミングよくできるように練習しましょう。また、左右ふたりで演じても楽しいでしょう。

使用する絵人形　作り方・型紙はP.132〜133

 アリ1（表） アリ1（裏） アリ2（表） アリ2（裏）
 草むら　 クッキー×2　 アリの巣

 達人のことば　みんなは働き者の虫さんを知っているかな？　小さい小さい虫さんだよ。

1

— ×2   をはっておく
— を持って、リズムに合わせて動かしながら
♪あんまり　いそいで
　こっつんこ
— をはる

2

— を同時に裏返しながら
♪ありさんと　ありさんと
　こっつんこ

3

— をリズムに合わせて右に動かしながら
♪あっちいって
　ちょんちょん

— を裏返しながら
♪こっちきて
— をリズムに合わせて右に動かしながら
♪ちょん

4
— 🐜 を裏返しながら
♪あいたた ごめんよ
　そのひょうし

5
— 🐜 を裏返しながら
♪わすれた わすれた
　おつかいを

6
— 🐜 を持つ
♪あっちいって

— 🐜 をリズムに合わせて
🌱 に向かって動かしながら
♪ちょんちょん

7
— 🐜 をリズムに合わせて
🌱 の右に動かしながら
♪こっちきて

— 🐜 を裏返しながら
♪ちょん

つづく➡ 57

8

— 🐜 を少し左上に向けて

🐜「このあたりにクッキーがあるはずなんだけど…どこかなぁ？ みんな、どこにあるかわかる？」

— 子どもたちに問いかけ、反応を受ける

9

— 🍪 を抜き取り、🐜 といっしょに持ちながら

🐜「あったー！おいしそうなクッキー！みんな、教えてくれてありがとう！」

10

🐜「よ〜し、今からクッキーを運ぶぞ〜！」

— ⬛ に向かって動かしながら

🐜「よいしょ！ よいしょ！ みんなも応援してくれる？よいしょ！ よいしょ！」

— ⬛ まで来たら

🐜「これがわたしのおうちだよ。おうちに帰ったら、お母さん褒めてくれるかな？みんな、協力してくれてありがとう！」

— ⬛ の切り込みに 🐜 を入れる

🐜「バイバ〜イ！」

アリさん、おつかいできてよかったね！みんなもおつかいできるかな？

おしまい

遊びが広がるヒント！

0・1・2歳児　ゆびでチョンチョン

自分のひとさし指をアリに見たてて、歌に合わせて動かしてみましょう。自分の指同士でぶつかってみたり、友達とぶつかったりして、自由に遊んでみましょう。

3・4・5歳児　おつかいクイズ

Pペーパーでカードを作り、パネルに3枚はる。「この中でアリさんが持って帰ったら、お母さんが喜ぶものは何かな？」と、クイズを出して遊んでみましょう。

さとう	いちご	あり	いし
あめ	ちょこ	ぼーる	くれよん

18 春 あめふり くまのこ

おすすめ年齢 0 1 2 3 4 5 歳児

アドバイス くまが元気そうに川をのぞこうと首を曲げるのがとてもユーモラスです。タイミングよくできるように動かしてみましょう。

使用する絵人形 作り方・型紙はP.133〜135

山 / 小川 / ちょろちょろ小川 / くま / 雲 / 雨 / 雷 / 傘 / 水 / さかな

導入のことば　お山がだんだんくもってきました。

1
-  に を隠してはっておく
- をはっておく
- に  を重ねてはっておく
-  から を出しながら
♪おやまにあめが　ふりました

2
- をはる
♪あとから　あとから　ふってきて
- をはりながら
♪ちょろちょろ　おがわが　できました

3

- を出して自由に動かしながら
♪いたずら　くまのこ　かけてきて

4

- の体を回してはる
♪そうっと　のぞいて　みてました
　さかなが　いるかと　みてました

つづく

8

🐻「頭に葉っぱを乗せたら、もう安心だ！」
そんなことを言っているうちに、
くまさんの大嫌いな雷がやってきました。
―⚡をはる
ゴロゴロ～ゴロゴロ～
🐻「うわ～ん！ 雷だ！ 大変、大変！
ぼく、雷だけは本当に大嫌いなんだ～！」

9

―🐻を動かして、〰〰に隠しながら
くまさんは慌てて川に隠れました。
―⚡を外しながら
やがて雷はゴロゴロ～といいながら、
遠くへ行ってしまいました。

10

―🐻を立たせると同時に、〰〰から
🐟を取り出し、持たせながら
🐻「あっ、雷がいなくなった！」
と思って立ち上がったら、手には
おさかなが取れていました。

おしまい

遊びが広がるヒント！

0・1・2歳児　おさかな探し！

発泡トレイなどを切って作った
さかなを保育室に隠しておき、
子どもたちといっしょに探して
遊んでみましょう。スーパーの
袋などを持って、入れていって
もいいですね。

3・4・5歳児　ビリビリレイン

新聞紙を破ることを楽しんだ後、
破った新聞紙を雨に見たてて遊び
ましょう。保育者が「大雨！」と
伝えたら、新聞紙を勢いよく上に
投げたりしてみましょう。「水た
まり」や「小川」などでもいいで
すね。子どもたちの発想で遊びが
広がるといいでしょう。

19 夏 とんでったバナナ

おすすめ年齢 0 1 **2 3 4 5** 歳児

アドバイス 歌中の「ツルン」の動きが見せ所！ 弧を描くように、スムーズに動かせるよう練習してみましょう。

使用する絵人形　作り方・型紙はP.135〜138

バナナ　バナナの皮　ワニ(表・裏)　トリ　トリの巣
男の子　女の子　太陽(表)　太陽(裏)　船長

みんなが大好きなバナナのお話だよ。

1
―🍌に🍌を重ねてはる
♪バナナが　いっぽん　ありました

2
―👦をはりながら
♪あおい　みなみの
―👧をはりながら
♪そらのした
こどもが　ふたりで　とりやっこ

3
♪バナナは
―🍌を「ツルン」で上にスライドしながら
♪ツルンと　とんでった

4
♪バナナは　どこへ　いったかな
―👦👧を両端にずらし、🍌を外しながら
♪バナナン　バナナン　バナァナ

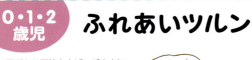

0・1・2歳児	**ふれあいツルン**

子どもは両腕を上げ、バナナになる。保育者が皮をむくように腕を下げていき、下げきると同時に、「ツルン」と言って遊んでみましょう。

3・4・5歳児	**まねまねツルン**

「♪バナナン バナナン バナナナ」と手拍子をしながらいっしょに歌い、保育者が両手を下げたら、子どもたちは「ツルン」と言って両手を下げる。同様に、保育者が両手を上げたら子どもたちも上げる。子どもの姿に応じて、逆の動作にしてもOK！

絵人形原案／松田治仁

20 夏

おすすめ年齢 0 1 **2 3 4 5** 歳児

いるかはザンブラコ

アドバイス 元気なポーズはみんなの気分も楽しくしてくれます。少しオーバー気味に元気に演じてみましょう。

使用する絵人形　作り方・型紙はP.139〜141

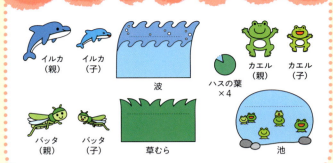

達人のことば　海や草むら、池の中からだれが出てくるかな?

1

- イルカ(子)にイルカ(親)を重ねて、波に差し込んでおく
- イルカ(親)(子)を重ねたまま右上に動かしながら
  ♪イルカはザンブラコ
- イルカ(子)を動かしながら
  ♪イルカはザンブラコ

2

♪おおなみザンブラコ はねるぞ
—イルカのポーズでジャンプする

キュー

3

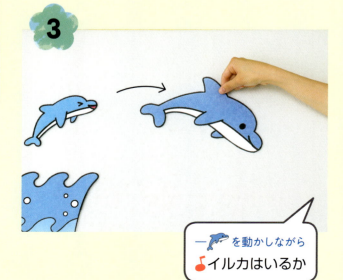

—イルカ(子)を動かしながら
♪イルカはいるか

66

13 ♪カエルはかえる
— 🐸を🫧の後ろに入れながら

14 ♪おやこでかえる
— 🐸を🫧の後ろに入れながら

15 ♪ジャンブラコかえるよ
— カエルのポーズでジャンプする
ケロッ

16 カエルさんたちは…
— 🟢×4を外す
実は大家族でした！

おしまい

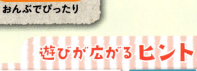

おまけ はり方アレンジ
親子のふれあいにも使える！

隣にぴったり　ほほをぴったり　おんぶでぴったり

遊びが広がるヒント！

0・1・2歳児 とびっこ！
「○○さんになって、よーいドン！」と言って、「とぶ」もののまねっこをして遊んでみましょう。
例）ウサギ、カンガルー、飛行機、チョウチョウ　など

ウサギさん
ハチ！

3・4・5歳児 いろいろカエル
「ピョンピョンピョン…」と唱えながら、カエルのポーズでジャンプをし、「カ（ガ）エル」のつくことばを伝える。そのことばに合わせたジェスチャーをして遊んでみましょう。ことばをいっしょに考えてみてもいいですね。

ふりカエル　ひっくりカエル　きガエル

でんぐりカエル　かんガエル　はきカエル

21 秋 やきいも グーチーパー

おすすめ年齢 0 1 **2 3 4 5** 歳児

アドバイス まずは歌と手あそびに親しんでから、絵人形を見せましょう。ジャンケンが難しい子どもには、同じ手を出してもらいましょう。

使用する絵人形　作り方・型紙はP.142

 →   →
焼きイモ（表）　グー（裏）　焼きイモ（表）　チョキ（裏）

 →
焼きイモ（表）　パー（裏）

 焼きイモが3つできたよ！ みんなでいっしょに手遊びしてみましょう。

1
裏：グー　裏：チョキ　裏：パー

—🍠×3を裏がグー・チョキ・パーの順になるようにはっておく
—胸の前で左右に両手を振りながら
♪やきいも やきいも

2
—おなかをグーで押さえながら
♪おなかが
—✊に裏返す
♪グー

3

—手のひらを開いたり握ったりして、交互に上下に動かしながら
♪ほかほか ほかほか

4
♪あちちの
—✌に裏返し、チョキを出しながら
♪チー

70

22 秋

おすすめ年齢 0 1 **2 3** 4 5 歳児

虫のこえ

アドバイス 夏のセミの声は大きいけれど、秋の虫たちの声は耳をすまさないと聞こえないこともあります。虫のこえを静かに歌って、秋の虫に親しめるといいですね。

使用する絵人形 （作り方・型紙はP.143〜144）

達人のことば

秋になると、ステキな虫の声が聞こえてくるよね。どんな虫が鳴いているのかな？

1

― 🐛🪲🦗🦗 に 🌾🪵🍀🌿 をそれぞれ重ねてはっておく
― 🌾 をずらして 🦗 を出しながら
♪あれまつむしが　ないている

♪ちんちろちんちろ ちんちろりん

2

― 🪵 をずらして 🪲 を出しながら
♪あれすずむしも なきだした〜

3

♪〜あきのよながを　なきとおす
ああおもしろい　むしのこえ

遊びが広がるヒント！

0・1・2歳児 手形ツリー

Ｐペーパーに手形スタンプを楽しみ、切り取る（コピー用紙にした手形スタンプをＰペーパーにはってもOK）。フェルトの幹をはり、子どもの手形を葉に見たててはる。手形の後ろに虫を隠しても楽しいですね。

3・4・5歳児 落ち葉ペタペタ

子どもたちが拾ってきた落ち葉をパネル（壁にパネル布をはってもOK）にくっつけて、形作りを楽しんでみましょう。落ち葉にペンで顔を描いたり、毛糸やモールなどを加えてもいいでしょう。色や形への関心につながるといいですね。

73

23 冬 あわてんぼうの サンタクロース

おすすめ年齢 0 1 **2 3 4 5** 歳児

アドバイス
よく歌われている親しみ深い曲なので、パネルの絵が出てくると、よりいっそうみんなも元気に歌えるでしょう。

達人のことば
うれしいことは、なかなか待ちきれません。サンタのおじさんの中にも、あわてんぼうさんがいますよ。

使用する絵人形　作り方・型紙はP.145〜149

 星
 サンタクロース（表・裏）
 ソリ（表・裏）
 動くサンタクロース
 男の子（表）
 男の子（裏）
 家（外側）
 家
 鐘
 女の子（表）
 女の子（裏）
 タンブリン
 プレゼント
 ツリー

1

― と🎅を乗せた🛷をはりながら
♪あわてんぼうのサンタクロース
　クリスマスまえに　やってきた

2

―🏠のツメを差し込んだ🏠をはりながら
♪いそいで　リンリンリン

3

―をはりながら
♪いそいで　リンリンリン
　ならしておくれよかねを
　リンリンリン　リンリンリン
　リンリンリン
―🔔を外す

7

─ 🎅を持って自由に
　動かしながら
♪あわてんぼうの
　サンタクロース
　しかたがないから
　おどったよ
─ 🎅をはる

8

─ 👦👧をはりながら
♪たのしく　チャチャチャ
─ 🎄をはりながら
♪たのしく　チャチャチャ

9

♪みんなもおどろよ
　ぼくと
　チャチャチャ
　チャチャチャ
　チャチャチャ
─ 🎅を外し、
　を左に寄せる

10

─ 🎅を乗せた
　🛷をはりながら
♪あわてんぼうの
　サンタクロース
　もいちどくるよと
　かえってく

11

─ 👦👧を裏返して
　はりながら
♪さよなら
　シャラランラン
　さよなら
　シャラランラン

12

─ 🔔を出す
♪タンブリンならしてきえた
♪シャラランラン
　シャラランラン
　シャラランラン

76

13

♪あわてんぼうのサンタクロース
　ゆかいなおひげの　おじいさん
　リンリンリン　チャチャチャ
　ドンドンドン　シャラランラン
— 🎁をはる
♪わすれちゃだめだよ　おもちゃ

14

— 🛷を右に動かしながら
♪シャラランリン　チャチャチャ
　ドンシャラン
— 🛷と🟡を外す

みんなは、サンタさんに何をお願いするのかな？

おしまい

遊びが広がるヒント！

0・1・2歳児 手作り楽器で演奏♪

手作り楽器で音の違いを楽しみながら、歌に合わせて鳴らして遊んでみましょう。
〈作り方〉
ゼリーやプリン、乳酸菌飲料の容器に、ビー玉やビーズ、ドングリ、ダイズ、アズキなどを入れ、もうひとつの容器でふたをし、ビニールテープを巻いてはり合わせる。

3・4・5歳児 ひっぱれ、トナカイさん

座って円になり、音楽に合わせて玉入れの玉（赤・白 人数の半分ずつ）を回す。音楽が止まったときに持っていた玉の色が、赤ならサンタクロース、白ならトナカイになる。その場で、トナカイとサンタクロースのふたり組になり、トナカイはサンタクロースをマットまで引っ張る。マットに早く入ったふたり組が勝ち。

24 冬 思い出のアルバム

おすすめ年齢 0 1 2 **3 4 5** 歳児

アドバイス 絵人形が多いので、あらかじめ順番に並べておきましょう。思い出はクラスに合わせて変えてもOK！

大人のことば 1年間どんなことがあったかな？ いろいろなことがあったよね。いっしょに思い出してみよう。

使用する絵人形 作り方・型紙はP.150〜159

1

—  をはりながら
♪いつのことだか　おもいだしてごらん
　あんなことこんなこと　あったでしょう

2

— 🍡 🍡 はりながら
♪うれしかったこと
　おもしろかったこと
　いつになっても
　わすれない

— 🍡 🍡 を外して、
　 を両端に寄せる

3

— 🌸 をはりながら
♪はるのことです　おもいだしてごらん
— 🎏 🌂 をはりながら
♪あんなことこんなこと　あったでしょう
— 🛝 をはりながら
♪ぽかぽかおにわで　なかよくあそんだ
— 🌼 🌷 をはりながら
♪きれいなはなも　さいていた
—  以外を外す

6

- をはりながら
- ♪ふゆのことです　おもいだしてごらん
- をはりながら
- ♪あんなことこんなこと　あったでしょう
- 🎄🎁をはりながら
- ♪もみのきかざって　メリークリスマス
- 🎅をはりながら
- ♪サンタのおじいさん　わらってた
- 👧👦以外を外す

7

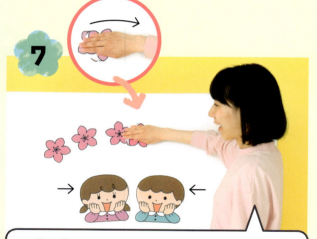

- 👧👦を中心に寄せながら
- ♪いちねんじゅうを　おもいだしてごらん〜
- 🌸×6をずらしばりしながら
- ♪もものおはなも　きれいにさいて

8

- 🧢×2をかぶせ、🎒🎒をはりながら
- ♪もうすぐみんなは
- 1ねんせい をはりながら
- ♪いちねんせい

おしまい

遊びが広がるヒント！

0・1・2歳児　どんなかっこう？

動物の絵人形とそれに合わせて季節感のあるアイテムを作ってみましょう。子どもたちの前で「このままじゃ寒いよね」などと声をかけながら、アイテムをはっていきましょう。わざと間違えてもおもしろいですよ。
※動物に重ねてはる場合は、パネル布で裏打ちをしましょう。

3・4・5歳児　ぷちアルバム作り

コピー用紙を右記のように切って折り、ぷち本を作ります。そこに、自由に子どもたちが心に残っている思い出を描いて、自分だけのアルバムを作ってみましょう。

8等分に折り半分に切って切り込みを入れる

縦半分に折って中心の切り込みを広げる

絵人形の型紙

型紙ページの使い方

・まず、全体を原寸大（100%）でコピーします。それから、必要な絵人形（1〜2つ）を選んで切り分けてから拡大すると、むだなく使えます。
・（——）はふちどり線、（----）は切り取り・切り込み線、・印は糸止め位置です。
・記載している拡大率は、80×110cmのパネルにちょうどよい大きさになります。
・使用するパネルの大きさに合わせて、拡大してお使いください。
・基本の作り方はP.4〜5をご覧ください。

P.8〜9　パネルシアターがはじまるよ！

200%拡大

★チューリップ・チョウチョウは同じ型紙で、赤・白・黄各2枚ずつ作ります。
★チョウチョウとパ・ネ・ル・シ・ア・ターはそれぞれをはり合わせます。
（赤：パ・シ、白：ネ・ア、黄：ル・ターの組み合わせになるように）

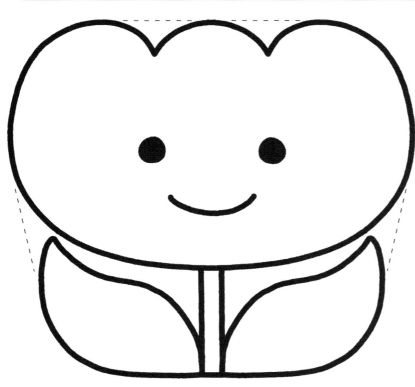

●チューリップ（赤・白・黄×各2）

●チョウチョウ
（赤・白・黄×各2）

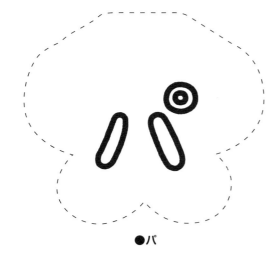

●パ

●ネ

P.8〜9 パネルシアターがはじまるよ！

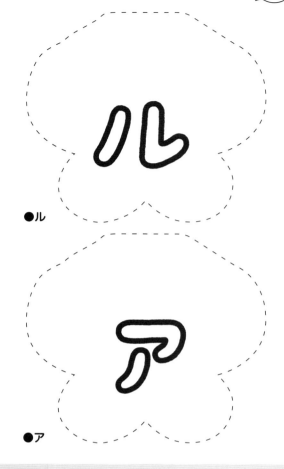

●ル

●ア

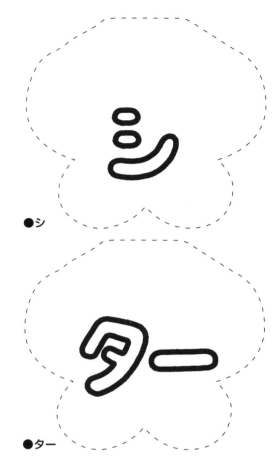

●シ

●ター

P.10〜11 コブタヌキツネコ

★顔・体はそれぞれ表と裏をはり合わせます。

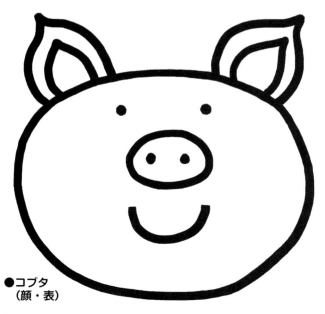

●コブタ（顔・表）

●コブタ（顔・裏）

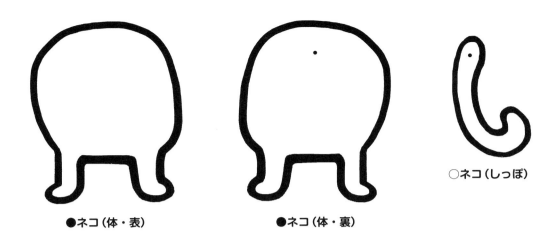

●ネコ（体・表） ●ネコ（体・裏） ○ネコ（しっぽ）

P.12〜14 ぞうさんのぼうし

200%拡大

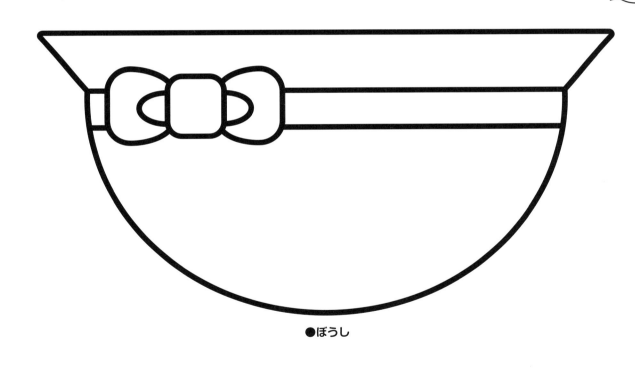

●ぼうし

●ぞう（顔・表） ●ぞう（顔・裏） ●ぞう（体）

85

P.12~14 ぞうさんのぼうし 200%拡大

●こぶた

●こだぬき

●こねこ

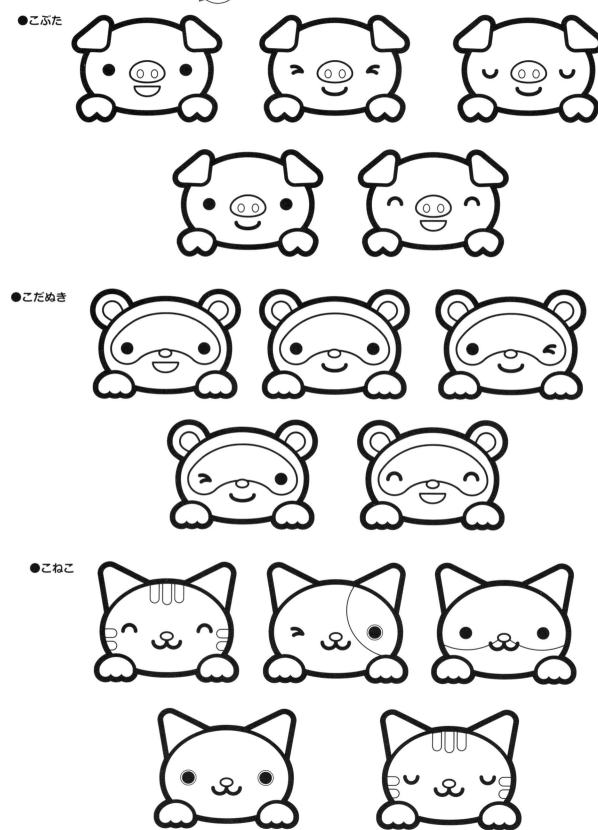

P.15〜17 だれの手

200%拡大

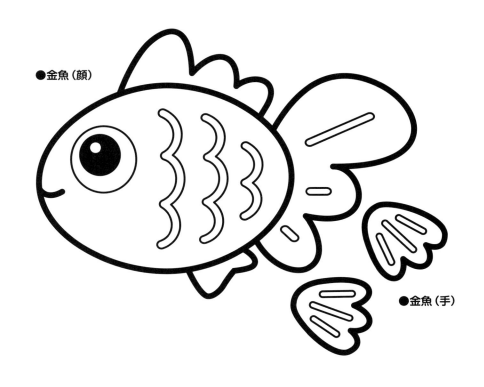

●金魚(顔)

●金魚(手)

●キツネ(顔)

●クマ(顔)

●キツネ(手)

●クマ(手)

●タヌキ（顔）

●タヌキ（手）

●ゾウ（顔）

●ゾウ（手）

P.15〜17 だれの手

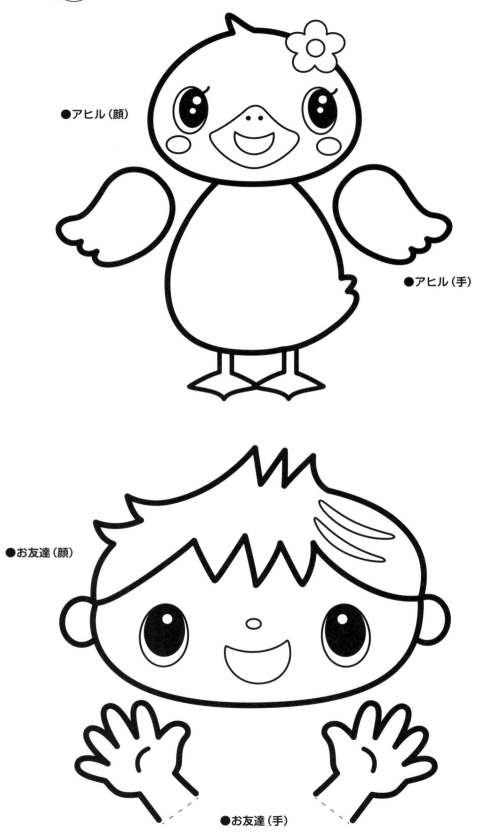

●アヒル（顔）

●アヒル（手）

●お友達（顔）

●お友達（手）

P.18〜21 すうじのうた

P.22〜23 **木登りコアラ**

200%拡大

●おひさま

●コアラ

●ユーカリの木
（ユーカリの木はさらに120%拡大）

P.24〜26 あしあとみつけた

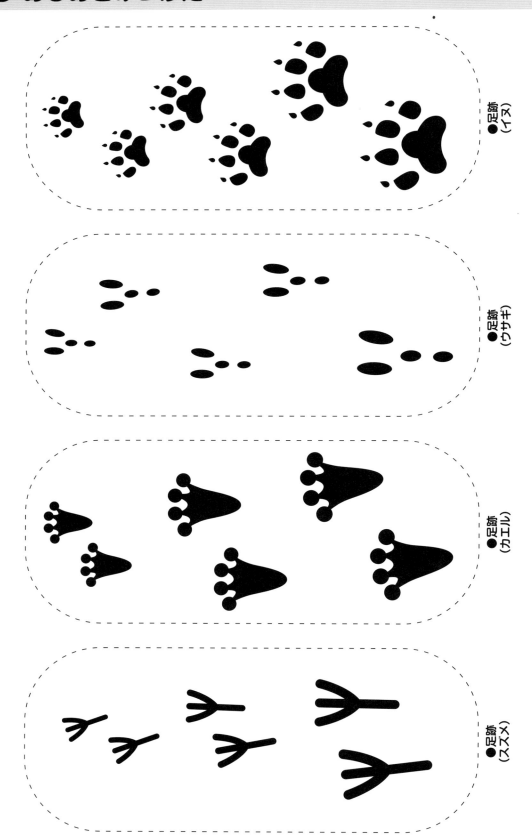

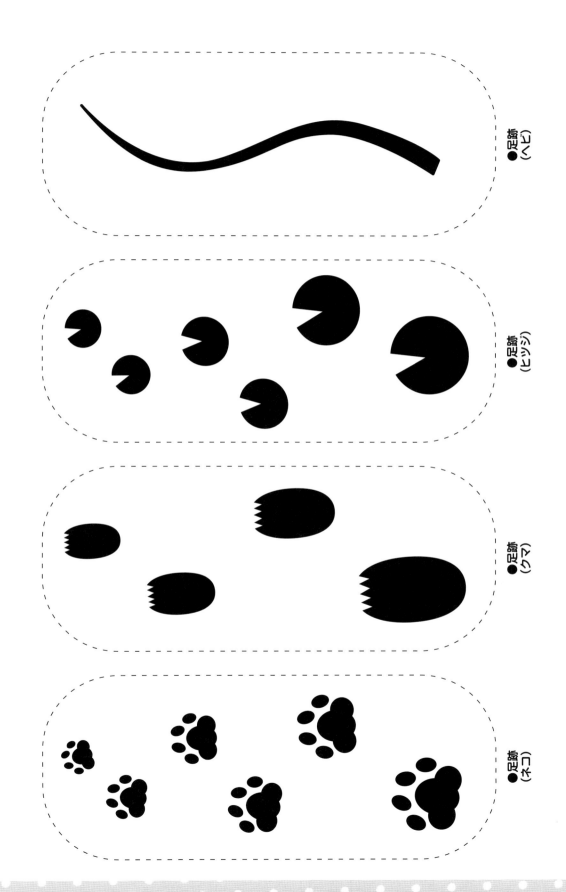

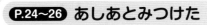 P.24〜26 あしあとみつけた 200%拡大

★表と裏をはり合わせます。

●スズメ(表)

●スズメ(裏)

●カエル(表)

●カエル(裏)

●ウサギ(表)

●ウサギ(裏)

★表と裏をはり合わせます。

●イヌ（表）　　●イヌ（裏）

●ネコ（表）　　●ネコ（裏）

★表と裏をはり合わせます。

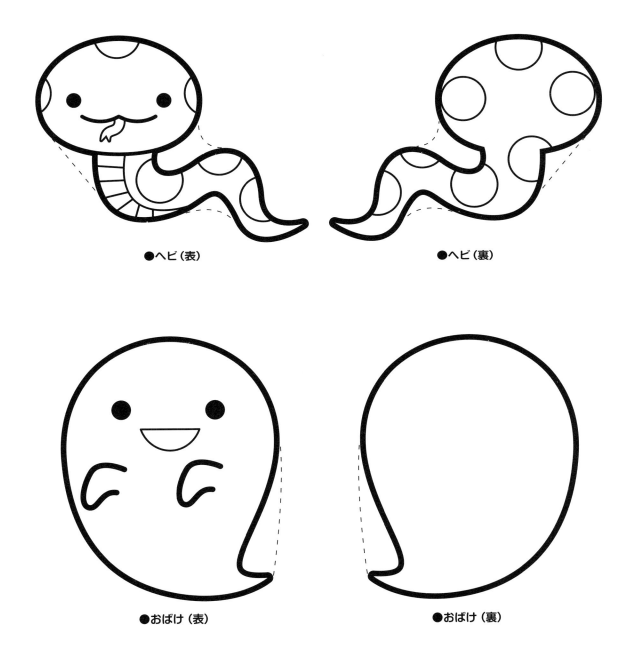

●ヘビ（表）　　●ヘビ（裏）

●おばけ（表）　　●おばけ（裏）

P.27〜29 ドロップスのうた

★神様の顔・体はそれぞれ・印同士を重ねて糸止めをします。（顔が前面）
★笑顔・つえのキャンディは裏にパネル布をはって裏打ちします。

●神様（顔）

●笑顔

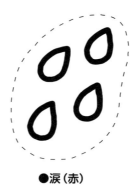

●涙（赤）

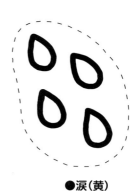

●涙（黄）

●つえのキャンディ

●神様（体）

●イチゴ

●レモン

★朝焼け・夕焼けはそれぞれドロップスとはり合わせます。

●朝焼け

●ドロップス（裏：朝焼け）

●夕焼け

●ドロップス（裏：夕焼け）

P.27〜29 ドロップスのうた 200%拡大

●子ども

●おとな

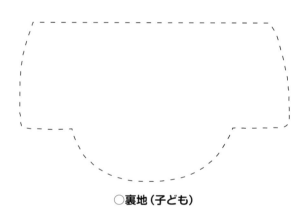
○裏地（子ども）

○舌（子ども）

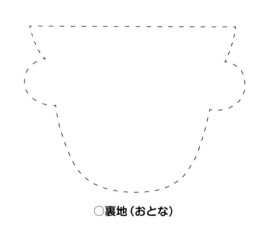
○裏地（おとな）

○舌（おとな）

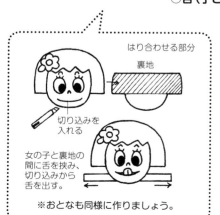

はり合わせる部分
裏地
切り込みを入れる
女の子と裏地の間に舌を挟み、切り込みから舌を出す。
※おとなも同様に作りましょう。

★悲しみ・うれしさはそれぞれドロップスとはり合わせます。

●悲しみ

●ドロップス（裏：悲しみ）

●うれしさ

●ドロップス（裏：うれしさ）

105

P.30〜31 山の音楽家

●たぬき

●うさぎ

P.32〜33　ブランコ

●ブランコ

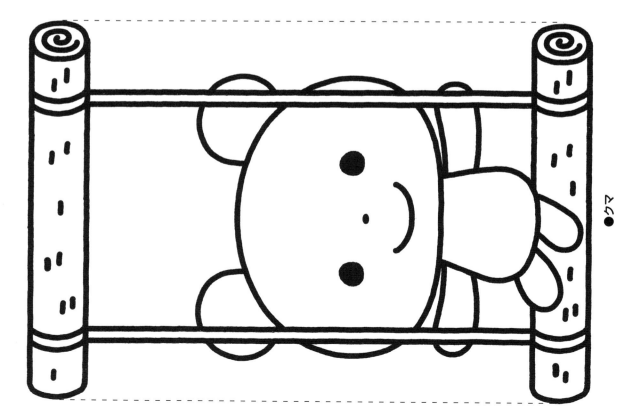

●クマ

P.32〜33 ブランコ (200%拡大)

★雲は表と裏をはり合わせます。表は水色、裏はオレンジに着色しましょう。

P.34〜36 犬のおまわりさん (200%拡大)

★こねこは表と裏をはり合わせます。

★おまわりさんの笑顔の裏にパネル布をはって裏打ちします。

●おまわりさん

●おまわりさんの笑顔

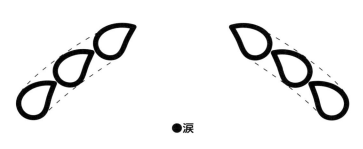
●涙

★家は表と裏をはり合わせます。

●家（表）

●家（裏）

P.37〜39 はたらくくるま

200%拡大

●トンネル（上）×3

●トンネル（下）×3

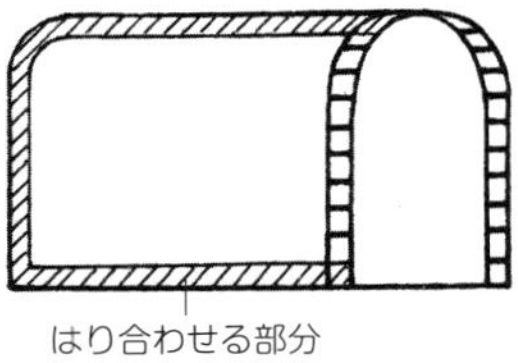

★トンネルは周りをはり合わせてポケット状にします。同じ型紙で3色作ります。

はり合わせる部分

113

P.37〜39 はたらくくるま 200%拡大

●郵便車

●清掃車

●救急車

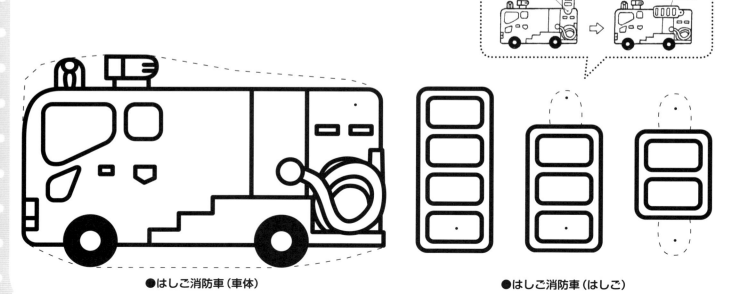
●はしご消防車（車体）　　　●はしご消防車（はしご）

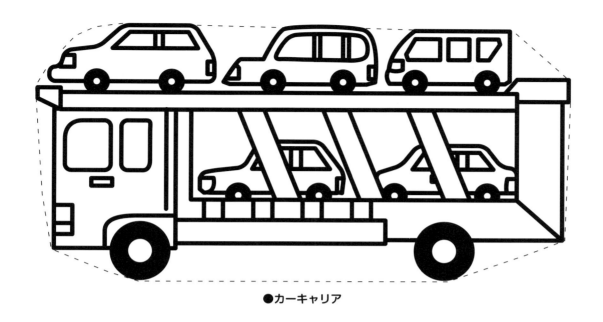
●カーキャリア

●パネルバン

●車

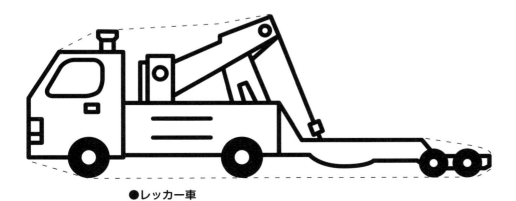
●レッカー車

●道路
（道路はさらに140％拡大）

P.37〜39 はたらくくるま 200%拡大

★ダンプカーの荷台・車体はそれぞれ●印同士を重ねて糸止めをします。（荷台が前面）

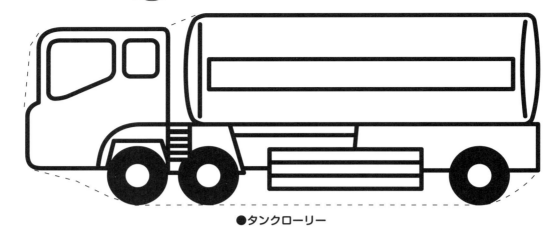
●タンクローリー

●フォークリフト

●ブルドーザー

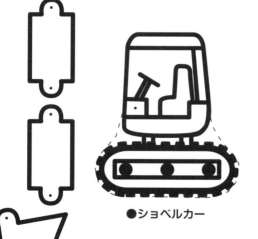
●ショベルカー

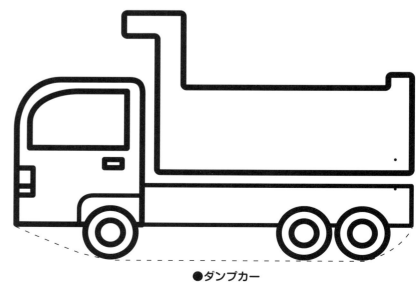
●ダンプカー

★ショベルカーの車体・ショベルはそれぞれ●印同士を重ねて糸止めをします。

P.40〜43 ゆかいな牧場

200%拡大

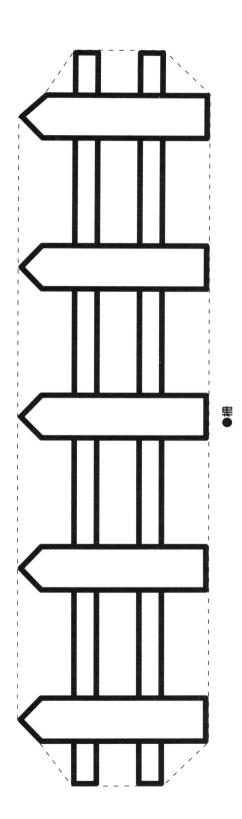
●柵

●木

●いちろう

P.40〜43 ゆかいな牧場

★動物の向きは自由です。

●ヒヨコ
（右向き、左向きを交ぜて5枚）

●アヒル
（右向き、左向きを交ぜて5枚）

●七面鳥
（右向き、左向きを交ぜて5枚）

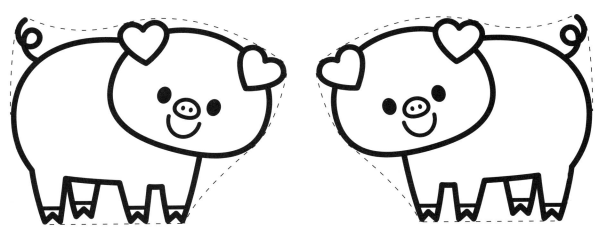

●子ブタ
（右向き、左向きを交ぜて3枚）

P.40〜43 ゆかいな牧場 200%拡大

★動物の向きは自由です。
★ロバの顔と体は・印同士を重ねて糸止めをします。（顔が前面）

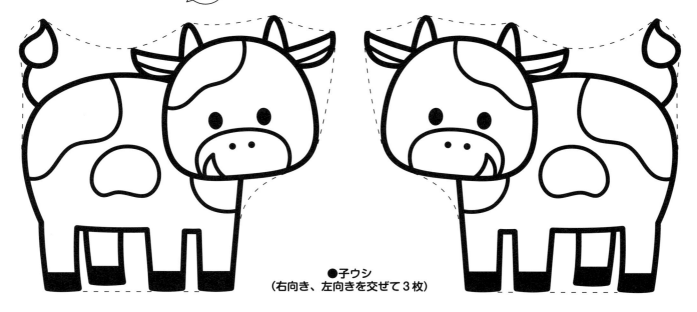

●子ウシ
（右向き、左向きを交ぜて3枚）

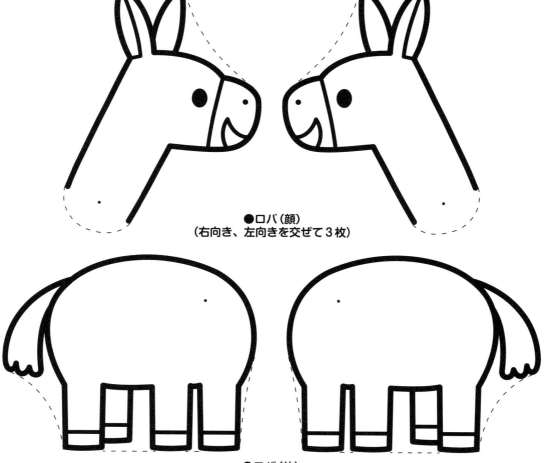

●ロバ（顔）
（右向き、左向きを交ぜて3枚）

●ロバ（体）
（右向き、左向きを交ぜて3枚）

P.46〜49 おはようクレヨン

●ふた

●箱

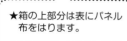
★箱の上部分は表にパネル布をはります。

●トマト

★トマト・レタスの裏にパネル布を貼って裏打ちします。

●レタス

P.46〜49 おはようクレヨン

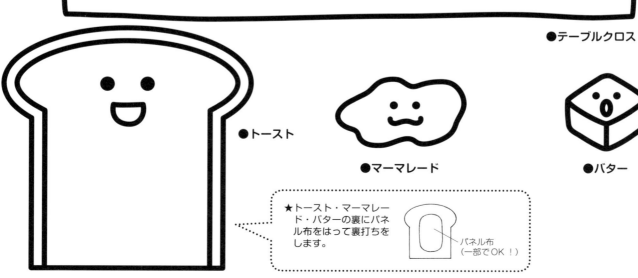

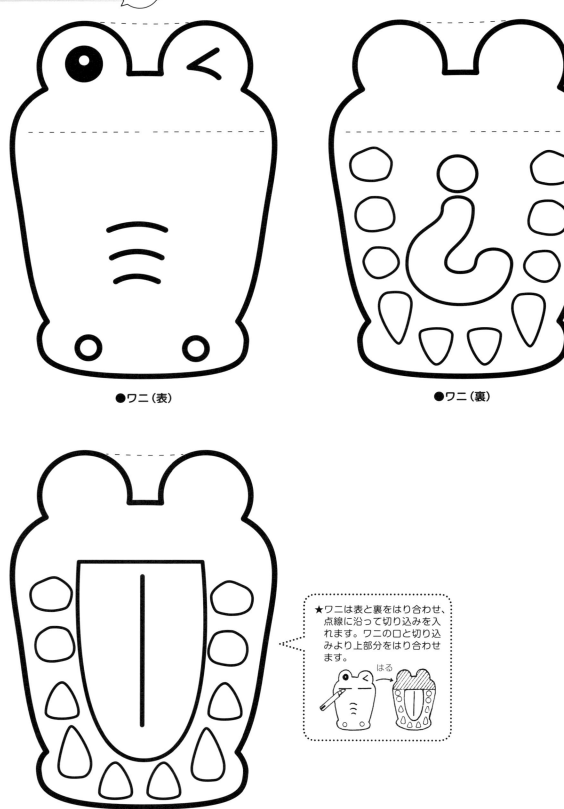

P.50〜52 あらどこだ 200%拡大

●ウシ
●シカ
●サイ

●ライオン　　○ライオンの口

P.53〜55 森のくまさん　

●森
（森はさらに140%拡大）

P.53〜55 森のくまさん 200%拡大

●花×2

●とり×2（色違いに）

●音符×2

●イヤリング

●おじょうさん（顔・表）

●おじょうさん（顔・裏）

●おじょうさん（体・表）

●おじょうさん（体・裏）

P.56〜58　おつかいありさん

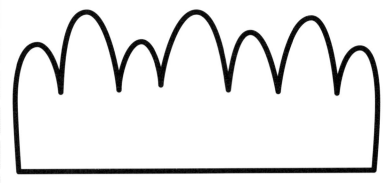

●草むら

●クッキー×2

★アリ1・アリ2はそれぞれ表と裏をはり合わせます。

●アリ1（表）

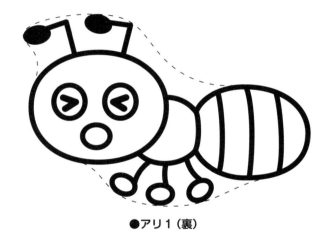

●アリ1（裏）

●アリ2（表）

●アリ2（裏）

★アリの巣は点線に沿って切り込みを入れます。

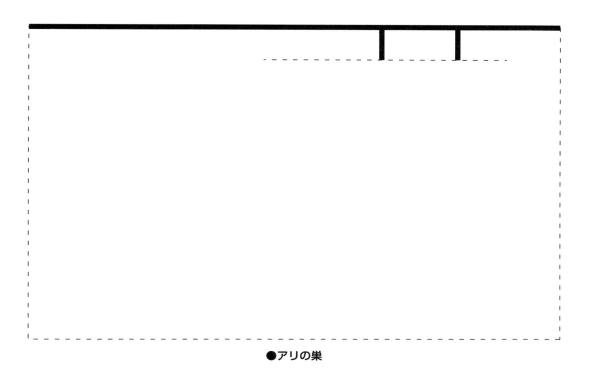

●アリの巣

P.59〜61 あめふりくまのこ

●山

P.59〜61 あめふりくまのこ 200%拡大

●雲

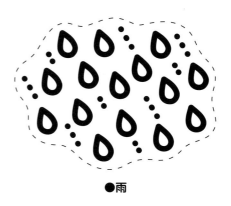
●雨

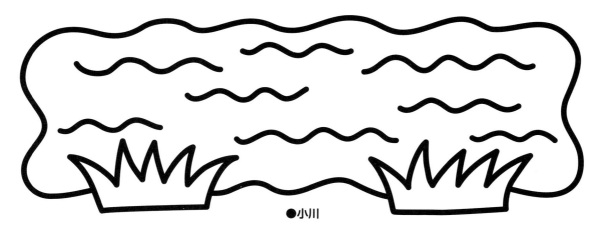
●小川

●ちょろちょろ小川

●雷

●水

●さかな

134

★くまは鼻と・印を重ねて糸止めをします。（顔が前面）

●傘　　●くま（顔）　　●くま（体）

P.62〜65 とんでったバナナ

200%拡大

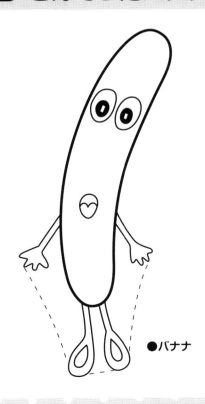
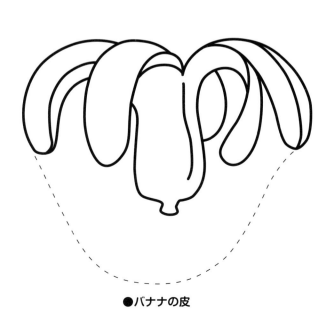

●バナナ　　●バナナの皮

P.62〜65 **とんでったバナナ** 200%拡大

●男の子

●女の子

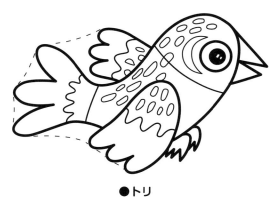
●トリ

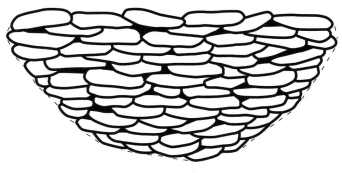
●トリの巣

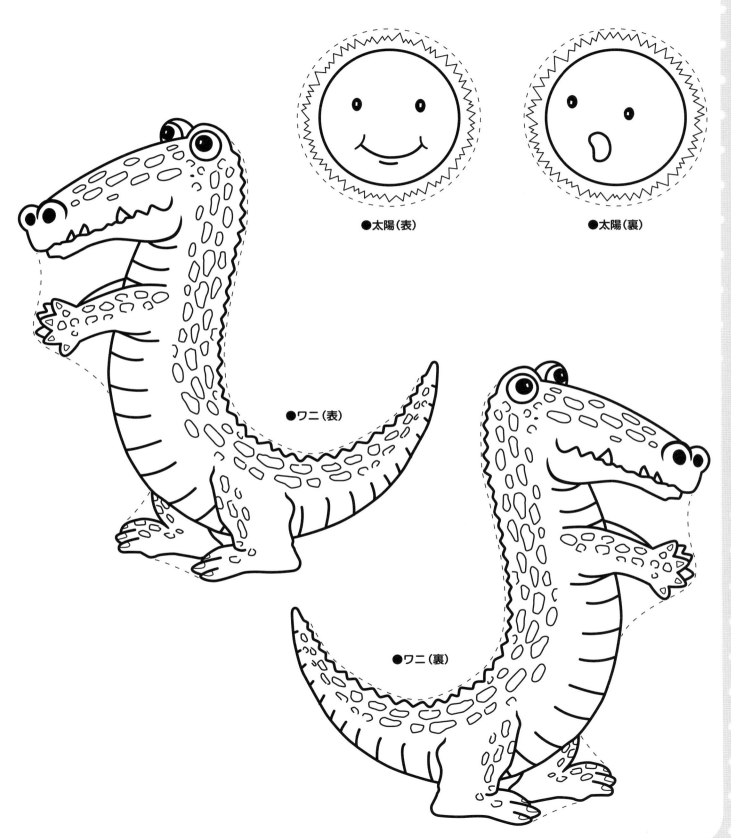

P.66〜69 いるかはザンブラコ

●バッタ（親）　　　●バッタ（子）

★草むらは点線に沿って切り込みを入れます。

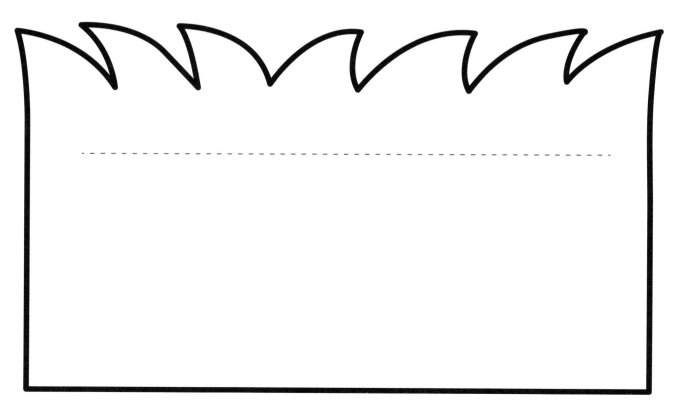

●草むら

P.70〜71 やきいもグーチーパー

★焼きイモとグー・チョキ・パーをそれぞれはり合わせます。
★焼きイモの色はすべて同じでも、それぞれ少しずつ色を変えてもいいでしょう。

●焼きイモ（表）×3

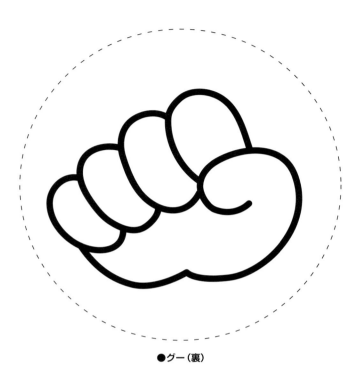

●グー（裏）

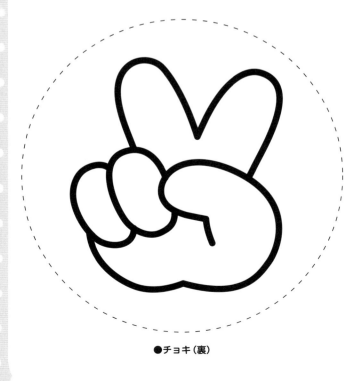

●チョキ（裏）

●パー（裏）

P.72〜73 虫のこえ

200%拡大

●ススキ ●石 ●木 ●葉 ●草

P.72〜73 虫のこえ 200%拡大

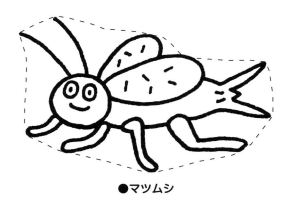
●マツムシ

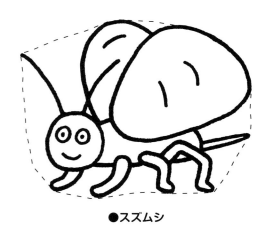
●スズムシ

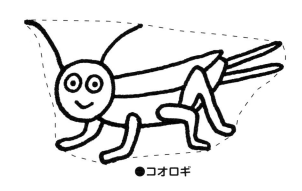
●コオロギ

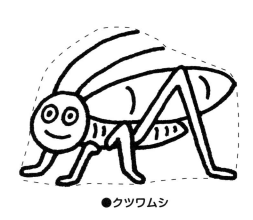
●クツワムシ

●ウマオイ

●月

P.74〜77 あわてんぼうのサンタクロース

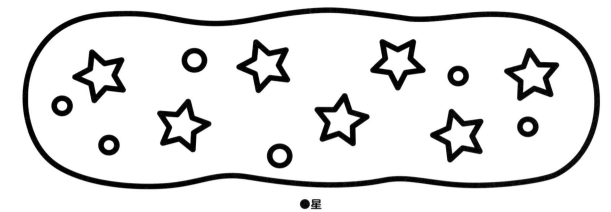
●星

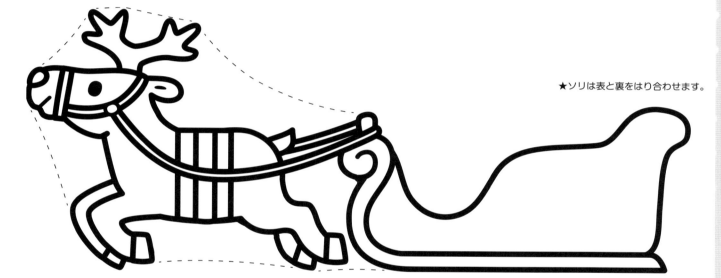

★ソリは表と裏をはり合わせます。

●ソリ（表）

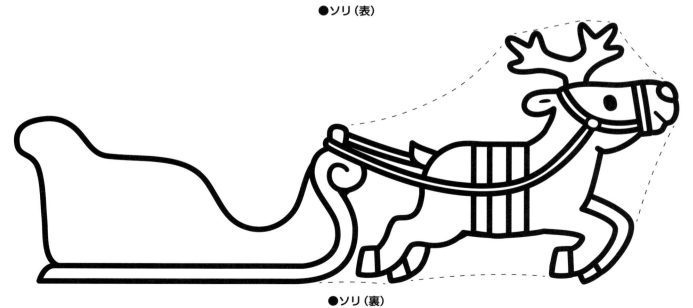
●ソリ（裏）

145

★家は外側のツメ（3か所）の位置に合わせて切り込みを入れ、差し込みます。

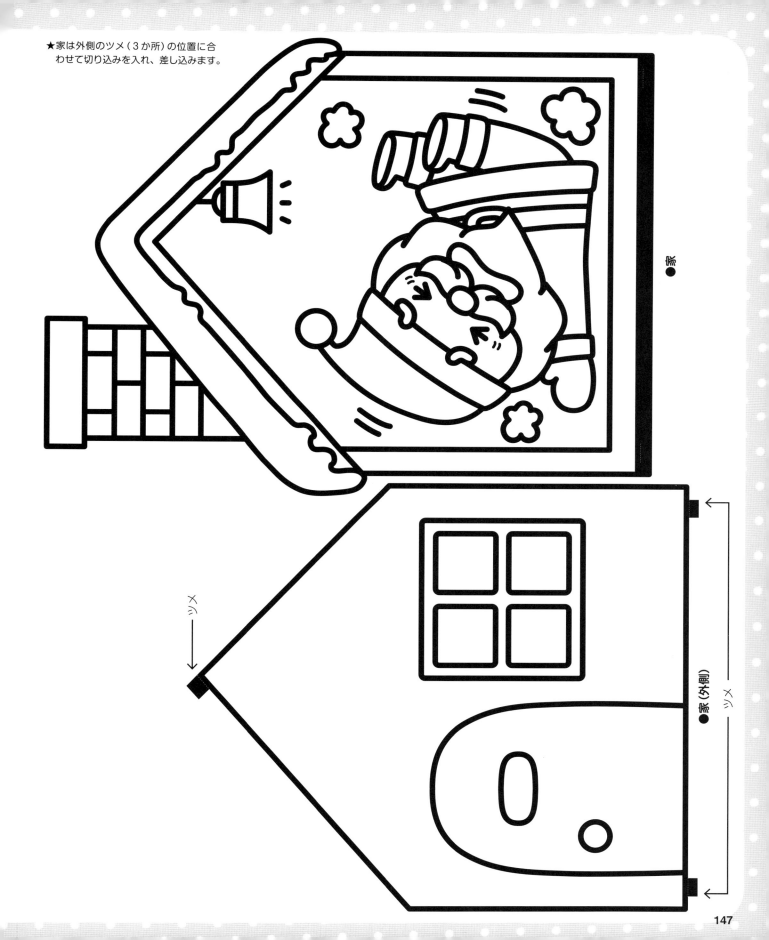

147

P.74〜77 あわてんぼうのサンタクロース 200%拡大

●鐘

●ツリー

★女の子は表と裏をはり合わせます。

●女の子(表)

●女の子(裏)

★男の子は表と裏をはり合わせます。

●男の子(表)

●男の子(裏)

●タンブリン

●プレゼント

P.78〜80 思い出のアルバム

★にっこり（女の子・男の子）は裏にパネル布をはって裏打ちします。

●女の子

●男の子

●にっこり（女の子）

●にっこり（男の子）

●サクラの木

P.78～80 思い出のアルバム

●砂場

●タンポポ

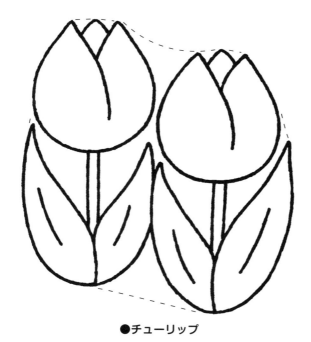
●チューリップ

●ヒマワリ

●七夕

●夏祭り

P.78〜80 思い出のアルバム 200%拡大

●虫取り
●船
●プール
●砂山

155

P.78〜80 思い出のアルバム

●ハイキング

●紅葉

●落ち葉

●雪だるま
●こま
●節分

●モモ

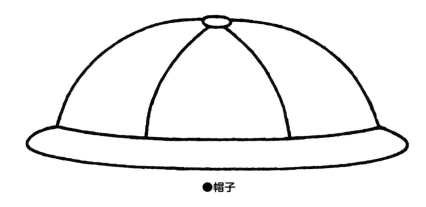
●帽子

●ランドセル（女の子）

●ランドセル（男の子）

1ねんせい

●1年生

監修

古宇田 亮順
（こうだ　りょうじゅん）

- コミュニケーション型児童文化財「パネルシアター」の創案・創始者。
- 1973年に「パネルシアター」を創案、その発明普及により、1981年、正力松太郎賞受賞。NHK、日本テレビ等出演。海外講義等、多数。
- 神奈川県座間市教育委員会を経て、淑徳大学講師、文京学院大学講師等を歴任。
- 西光寺住職（両国）。

おもな著書

『パネルシアターを作る　傑作選』、『パネルシアターくもの糸』（大東出版社）、『ブラックパネルシアター』（アイ企画）、『実習に役立つ パネルシアターハンドブック』（萌文書林）、他多数。

※本書は『月刊 保育とカリキュラム』2015年11月号別冊附録を単行本化したものです。

STAFF

- 写真／佐久間秀樹・編集部
- 絵人形イラスト／あきやまりか・うえはらかずよ・くるみれな・コダイラヒロミ・坂本直子・ささきともえ・谷村あかね・とりうみゆき・はやはらよしろう（office446）・はらちえこ・松田治仁・みさきゆい・見杉宗則・森のくじら
- 絵人形データ作成／小林真美
- 本文デザイン／柳田尚美（N/Y graphics）
- 本文イラスト／いとうみき・今井久恵・北村友紀・ゼリービーンズ・とみたみはる・やまざきかおり
- 楽譜浄書／株式会社福田楽譜
- 企画・編集／花房　陽・安藤憲志・長田亜里沙
- 校正／堀田浩之

本書を代行業者等の第三者に依頼してコピー、スキャンやデジタル化することは、たとえ個人や家庭内の利用であっても著作権法上認められておりません。

保カリBOOKS㊹
0〜5歳児
うたってかんたんパネルシアター

2016年8月　初版発行
2018年12月　第9版発行

監修者　古宇田 亮順
発行人　岡本 功
発行所　ひかりのくに株式会社
〒543-0001　大阪市天王寺区上本町3-2-14
TEL06-6768-1155　郵便振替00920-2-118855

〒175-0082　東京都板橋区高島平6-1-1
TEL03-3979-3112　郵便振替00150-0-30666

ホームページアドレス　http://www.hikarinokuni.co.jp

印刷所　大日本印刷株式会社

©Ryojun Koda 2016
©HIKARINOKUNI 2016
©2016 乱丁、落丁はお取り替えいたします。
JASRAC 出1607489-809

Printed in Japan
ISBN978-4-564-60883-4
NDC376　160P　26×21cm

(株)ヤマハミュージックエンタテインメントホールディングス出版許諾番号 18257P